北京的博物馆里，汇集着来自不同地区的历代珍宝，

带你快速把握中国文化历史的脉络

天津的民俗艺术杨柳青年画和泥人张彩塑

透出一份幽默活泼与平易近人

低调的**河北**有着高调的精彩，战国中山王墓和

满城汉墓的宝藏错彩镂金、构思奇巧

波澜壮阔的**内蒙古**草原，匈奴、契丹的艺术品

显现着草原文明与中原文化的交锋与融合

东北三省不遑多让，白山黑水之间的文化艺术

彰显着对中原文化的向往和吸纳

人民文学出版社 天天出版社

博物馆里的中国历史

罗米 著

改变世界的小玩意儿

图书在版编目（CIP）数据

博物馆里的中国历史. 改变世界的小玩意儿 / 罗米著. -- 北京 : 天天出版社,
2020.10
ISBN 978-7-5016-1647-3

Ⅰ. ①博… Ⅱ. ①罗… Ⅲ. ①博物馆－历史文物－中国－少儿读物
Ⅳ. ①K87-49

中国版本图书馆CIP数据核字(2020)第179361号

从哪里来，到哪里去？

网上流传着一个段子，说北大校门口站岗的保安是最有思想的人，因为面对每个进校的人，他们都会追问三个问题：你是谁？你从哪里来？你到哪里去？

这其实也是我们人类孜孜以求数千年的终极问题！

回答北大保安的问题不用费力，但想找到这“终极三问”的答案却很难。

不过，当我们走进博物馆，大概会发现自己离答案近了一点。

初进博物馆，站在拙朴恢宏的陶器、青铜器面前，站在巧夺天工的玉器、瓷器面前，站在萧疏简淡的文人书画面前，我们首先感受到的是中华民族的想象力可以达到何等的广度，创造力可以达到何等的高度，思维可以达到何等的深度。国宝、文物、艺术品，它们多么令人震撼、令人敬畏！

如果你能放下这样的思想包袱，真正走近它们，与它们对话，你会发现它们比想象的要亲切得多。你看，七千年前的杯盘碗盏，它们的样式和我们今天使用的几乎一样，作用当然也基本相同；三千年前刻铸了主人名字的青铜礼器，与我们今天的“高级定制”何其相似；至于书法和绘画则更让人备感亲切，我们几乎人人都参加过相关的兴趣班，感受过一番笔墨涂抹的乐趣。如果你愿意寻找，还可以发现更多活泼有趣的古今共同点：史前的一只陶壶把上刻着两个点和一条上翘的弧线，这不正是今天电脑上的笑脸符号吗？汉代的百戏陶俑耸肩吐舌，活像表情包……

为什么历史会有这样神奇的重现？为什么我们接受它们毫不费力？

因为人同此心啊!

虽然我们与创造它们的祖先隔着千百年的光阴，但血脉相连，思想相通，文明薪火相传。在某一瞬间，我们会因为读懂了古人的心思而莞尔一笑；在某一瞬间，似乎我们体内沉淀的古老记忆被突然唤醒，以至于心跳加速、热血奔涌。

个人的情感体验，就在博物馆中不知不觉得到了丰富和升华，像有一种神秘的力量吸引着你去探索自己的内心，让你变得丰富而有趣，坚定而有力。

这种感觉，如此幸福，令人陶醉。

当然，如果你储备了更多历史文化知识，这种幸福感会来得更加强烈。

每件文物都是政治、经济、科技、文化、艺术在某个时间节点上的交汇与融合，它背后关联的是鲜活的人和具体的事，是绵延的时间和宏阔的空间。我们可以还原这些文物背后的历史场景，理解我们祖先的喜怒哀乐，明白他们一路走来的选择与艰辛，以及他们憧憬要去的地方。

其实，他们就是我们。

我们了解得越多，越能明白我们是谁；我们了解得越多，越能感受到来自文化深处的神秘力量，它让我们内心强大，无所畏惧。

再回到本文开头那个问题，我们是从哪里来的，要到哪里去？相信这一刻，也许你心中已有了答案。

经常出入博物馆，三千里江山在眼前铺陈，五千年文化在心头奔流，耳濡目染与潜移默化中，自然胸怀博大、格局宽广、眼界高远。这样的人，往往内心坚韧、步履从容，所行之路，无论平坦坎坷，必定有星辰大海相伴。

拥有如此灿烂的文明是一个民族何等的幸事，能亲近这些文化遗产，又是何等美好的体验啊！齐白石老人曾说“万物过眼皆为我有”，所以，只需要进入博物馆，去看见，去体验，你便能轻松拥有这一切，世界上还有什么样的财富能比得上这些遗产的万分之一呢？

在写下这套书之前，我就无数次感受过这样的幸福，拥有了数不尽的财富，因为我走过大大小小数百家博物馆，与无数艺术珍品相遇。现在，我想通过这套书，把这些幸福和财富与你分享。

这套书涵盖了中国大部分省份的重要博物馆，介绍每个馆内独具代表性的文物，透过它们，我们可以看到各个地域的独特风情，如中原的庄严、楚地的浪漫、江南的灵秀、大漠的苍凉、岭南的活泼、草原的粗犷……这些文物往往也能代表一个时代生产力发展的极致水平。

在分册安排上，除故宫单列一册，其他省份按地域划片，分为五册。由于文物数量太多，对要介绍的文物实在是很费了一番取舍，基本原则就是尽可能多地覆盖时代、地域、门类、创作者和博物馆，尽可能选择我们更熟悉的文物，尽可能将具有代表性的重点文物讲透，以便读者能从一件文物上了解一类文物，了解当时的历史文化。

这套书是一个引子，引发你的好奇心，让你产生亲眼一见这些历史文物的冲动，并能为你提供一些知识辅助，让你的参观过程更加丰富有趣、收获满满。某一天，当你走进博物馆，与这些作品真正面对面时，你会怦然心动，产生一种久别重逢的熟悉感，那便是我最期待的事。

2020 年 4 月于北京西山

目录

原始社会

红山文化玉龙

我们都是龙的传人

中华民族称自己为龙的传人，所以我们文化中与龙有关的文物，就格外受人珍视。

目前考古发现中早期具有代表性的“龙”，是在河南濮阳一处距今大约七千年前的仰韶文化遗址里。

那是用一大堆贝壳摆出来的龙形，它的对面还有一只用贝壳摆出来的虎，“护佑”着墓主人。

关于贝壳龙对应的意义到底是代表“四象”中的青龙，还是墓主人对“骑龙升仙”的向往，目前学术界并没有定论，但“龙”自产生之时，便是神力无边的灵物，这一点是谁也不能否认的。所以，我们作为龙的传人，从一开始就带着灵气和浪漫色彩。

要说到更著名、更“尊贵”的龙，还要算是玉龙。

龙本身的至尊地位就不用说了，在中国传统文化中，玉被视为具有吸纳天地精华、能够沟通天地的灵石，所以玉龙自然就成为当时的人们能够想到的最有神力的物件。

不得不佩服古人的想象力真的不一般！

当代考古学家们在科考过程中不断发现玉龙的身影，在我们早期的文化遗存中有许多地区都出土过玉龙，著名的有安徽的凌家滩、湖北的石家河、辽宁的牛河梁等地。这些玉龙的出土地点不同，器物造型上的细节也存在些许差异，但大体的形象还是十分接近的，可见在先人的意识里，龙能够呼风唤雨的神通应该是差不多的。

形形色色的龙是有了，但还缺一个龙王来统率，否则便真是“群龙无首”了，一场“龙王争夺战”眼看着就要爆发了。

不过这场争夺战的结果毫无悬念，因为有一条玉龙无论是拼资格，还是拼体量，甚至拼外貌，都远超众龙，战斗力拔群，龙王非它莫属。

后人根据它的材质，送了这位“龙王”一个神气的名号：中华第一玉龙。

玉龙出生于距今五六千年前，老家是现在的内蒙古赤峰市，这片地方原来属于一个著名的文化类型，我们现在称之为红山文化。

红山文化是我们华夏文明最早的文化之一，范围主要集中在我国现在的东北西部、内蒙古中南部，向南延伸到河北北部。历史上，这里的玉文化曾发展到惊

红山文化玉龙
新石器时代
中国国家博物馆

人的水平，出土了大量让我们直到今天都难辨其用途的玉器，而这一条玉龙，则是红山玉器中最震撼世人的发现。

这尊玉龙的身体造型十分简洁，做蜷曲状，这也是早期玉龙最常见的形态。即便在没有完全舒展开的状态下，玉龙蜷起的身体仍然高达 26 厘米，这个巨大的尺寸即使在后面漫长的历史岁月里，都罕有能过之者。可见当时的人们对它的灵异庇佑寄予了多大的期待，才能耗费这样的血本。

想当年，在别的“野蛮”部落还在使用粗糙的石器艰难求生时，红山文化已经发展出一套相对成熟的“礼制”，早早就进入了礼仪之邦的行列。中国早期社会中，最重大的礼仪就是丧葬和祭祀，所以为了与礼制相配套，陪葬品和祭祀的礼器也就格外精美宝贵。

礼仪的重中之重是祭天。对于原始农业文明来说，企求老天爷赐予风调雨顺是关乎部落存亡的头等大事。所以，为了讨得老天爷的欢心，人们心甘情愿地把人力所能创造出来的最好的东西献祭给上天。

玉因为洁净莹润、华美难得，成为了最好的礼物。

不仅如此，当时的人们还要再找寻一种能够通达天地的灵物，既能够向上天传达愿望，还可以直接代上天行使神力。

在这样的情况下，玉龙产生了。

可以想象，当献祭的仪式开始，祭物被放在火堆上焚烧，烟雾弥散升腾，被赋予通灵使命的神龙便在火光烟影中缥缥缈缈变幻无定，带着整个部落的人最热切的期望上天入地、纵横四海。

尽管这尊玉龙在形象上和我们现在熟悉的龙差别巨大——它的头上既没有角，也没有爪子，嘴边也没有长长的胡须，通体光滑无鳞。但它蜷曲的身体紧绷成一个巨大的 C 字形，蓄势待发、气势如虹；格外突出的头部上，眼睛狭长、嘴巴紧闭、鼻孔张大，显得机警又稳健；从颈部开始，一丛长鬣沿着身体披伏至整个背部，长鬣末端翘起，与身体弯曲的方向相反，增添了无尽的灵动。由一整块岫岩玉雕刻而成，是一条真正的苍龙。

看着这尊蜿蜒多姿、威仪堂堂的玉龙，我们不难想象，若它能化为实体，时而穿行于云雾之际，时而翻腾于波涛之间，既凛然不可冒犯，又心怀仁慈，把甘霖洒向人间。

虽然不知道那时的人们是如何想象出这样一种神物的，但不得不承认他们真是具有非凡的智慧，创造出一个如此绝妙的形态，包含着中华民族最美好的品格。

玉龙是整个红山文化遗址出土的最有特点的文物，除了这条有“中华第一玉龙”之称的龙王，考古学家们前前后后还发现过许多玉龙，这些玉龙大多数形体比较小，但身体形态是清一色的C字形，体现着和这条碧玉龙的“亲属”关系。看上去，它们都受着这龙王的统率。

这些红山文化出土的玉龙中，有一部分身体蜷曲幅度很大，几乎围成了圆圈，首尾之间只有窄窄的一道缝隙，并且圆壮肥润，颇有几分萌态，像是些不谙世事刚出生的小龙。这些小龙看上去不像碧玉龙那样舒展，脖子后面也没有披拂飘飞的长鬣，所以考古学家们最初还遇到了一些辨认上的麻烦，有些学者给它定名为“玉猪龙”。它哪里像猪呢？是因为它们圆肥的身

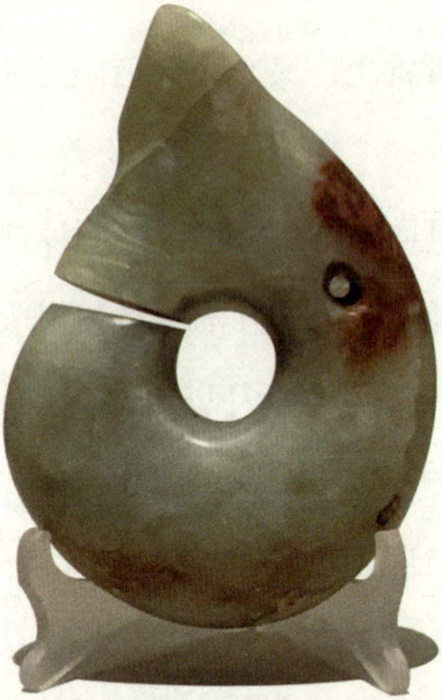

这件辽宁省博物馆的玉龙，便被称为“碧玉猪龙”。

玉龙
红山文化
中国国家博物馆

体吗，或者是突起的前吻？还有的学者认为这个形象不是龙，而是猪的胚胎，因为猪是我们驯化最早的家畜之一，所以也就成了先民就地取材的对象。

灵力十足的图腾成了圈养驯化的畜类，玉龙未免有点委屈。

不过我还是更认可下面这种说法：小龙的形象来源可能是蚕或者蝉的幼虫，因为这些昆虫幼时是小而蜷曲的蠕虫，而长大后便能生出翅膀，一飞冲天。在古人的眼里，蚕和蝉这种幻化变形、生生不灭的特点，是多么莫测的神通啊！

古人认为龙“能为大，能为小；能为幽，能为明；能为短，能为长”，这么看来，这些蜷缩成一团的小小动物，大约正是原始人想象中的幼龙，它们正在积蓄力量，静待着破空升天的那一刻。

这才是龙应该具有的气质啊！

原始社会

人面鱼纹彩陶盆

盆盆罐罐上的绘画

在人类的文明中，陶器是最早、最常见的器物。陶器由陶土制成，就地取材十分便捷，而且烧制方法简单，容易成型，所以无论中外哪种文明，总是能寻觅到陶器的身影。

这些器物的产生原因，最早无非是为了满足当时人们生产生活的基本需求，所以大体上看，它们的形态相似度很高，最为显著的区别，主要体现在器物上的纹样和图案上。

我国境内最早发现的彩陶可以追溯到距今七千至五千年的新石器时代。这些土红色的陶器表面用天然矿物颜料绘有纹饰图案，经过烧制，绘制纹样的颜料会氧化形成黑色或红色。图案的内容极其丰富，大都与当时先民日常生活有关的自然形象，从鱼、鸟、虫等动物图案到花瓣、枝叶等植物花纹，还有网纹等几何纹样。虽然这些图案的笔法稚气笨拙，但却具有一种浑然天成的趣味，这也就让彩绘陶器成了中国历史上最早的艺术作品之一。

这些带有图案的陶器最早被发现于河南省三门峡市渑池县仰韶村，它们也就被统称为“仰韶文化陶器”，这是我们中国文化中最古老、深厚、响亮的名字之一。

据考古发现证实，东起现在的河南东部，西至甘肃、青海，北到河套内蒙古长城一线，南抵江汉，这个范围内出土的文物都具有仰韶文化的类型特点，也就都被归入仰韶文化的范围。

不过，仰韶文化的分布实在太广，也就不太可能所

鱼纹彩陶盆
新石器时代
中国国家博物馆

有的陶器器型和纹样都完全一致，不同地区出土的陶器具有不同的类型特点。比如，有的地区以动物图案为主，有的地区以植物纹样为主，还有的地区则常见几何图案。

在所有出土的仰韶文化彩陶中，最著名的一件，大概要算是出土于陕西西安半坡村的人面鱼纹彩陶盆。

这件彩陶上过我们的历史课本，是仰韶文化中的“大明星”。在如此之多的仰韶彩陶中选择这一件作为代表，正在于它不同寻常的图案。

船形彩陶壶
新石器时代
中国国家博物馆

要想辨认图案并不困难，我们很容易看清楚盆内壁画着人面纹和鱼纹，一共是两组，两两相对。两条巨大的鱼按照逆时针的方向，填补在两个人面纹之间，像是在水中自由自在地游弋。

这件陶器的人面纹留给我们许多疑问和猜想。人面纹是浑圆的脸，头顶上是三角形，或许是发髻，也或许是某种饰物。大三角里面套着涂黑的小三角，像是一面小旗。显然这应该不是日常的装束，于是有人猜测他可能是部落的祭司，正在进行祭祀活动。

他的前额画法很有趣，右半部分全部涂黑，左半部分的扇形里再套一个黑色的半圆，这立刻让我们想起了计算阴影面积的几何题。

当然原始先民们在画图案的时候并不是在做几何题，也不是在研究几何，但从画法上我们可以断定他们一定发现了几何图形中的有趣规律，并且在此加以试验和应用。

耳朵的画法很有想象力，它们被画成了鱼形，难道是在表现画面中的人此刻正在水里，鱼儿来和他嬉戏吗？

人面鱼纹彩陶盆
新石器时代
中国国家博物馆

他的双眼只用细线画出来，一副闭目养神的样子，似乎很惬意。鼻子是用墨线画出的一个倒T形，整个人面纹的绘制线条十分抽象，但却别具神韵。

嘴巴更加具有设计感，上下相对的两个扁扁的三角形是双唇，旁边涂黑的就像是满脸的络腮胡子，脸的两侧分别伸出两个细狭的三角，像是两条瘦长的小鱼在他的嘴边会合，而鱼头恰是嘴的外轮廓。

这样人鱼一体的组合到底是什么意思，就成了大家研究考证的焦点，有学者认为人面代表部落祭司，而鱼则是部落图腾。不过为什么嘴巴和耳朵边上会有鱼，现在并没有统一的观点。有专家认为这是在表现巫师祈求鱼神附体的场面，也有观点认为由于半坡人生活在水边，认为鱼是自己的祖先。

除了鱼纹，鸟纹也是仰韶文化中最常见的图案之一。鸟纹的形态非常多变、有趣，有时候比较写实，有时候抽象到只用弯弯的一个半月弧表示，再加一个圆点作为眼睛。

在中国国家博物馆中还藏有一件仰韶文化的大型器物——鹳鱼石斧彩陶缸。这尊彩陶缸的外壁上画着一幅更生动的画，一只白色大鹳叼着一条鱼，旁边立着一柄石斧，大家通常把这个组合图案解释为两种动物分别代表两个部落，“鹳部落”打败了“鱼部落”，而那柄石斧则象征部落首领的权威。

每当面对这些活泼的充满生机的原始图案时，我总是会想为何偏偏是飞鸟和鱼的图案？或许是因为它们那击破长空、遨游浅底的技能恰为人所不能，而这些技能又令先民们羡慕和向往吧。从距今七千年前开始，人类就在日常用品上画出这些神奇的动物，希求获得这两样神奇的技能。直到今天，我们仍然还在探索着天空和海洋，还在用深入太空的远近或者潜入海底的深浅来作为科技水准的重要指标。

来自原始先民的愿望，我们从来没有忘记过。

现在，当我们面对这些彩陶时，更多的时候注意的是它们各式各样的图案，很少有人去追究这些器物的用途。

它们看上去不外乎是盆、瓶、罐、缸等常见的日常器型，在今天的生活中都是厨房里的常见物品，但在远古时代，却有一些出人意料的用途。刚刚我们提到

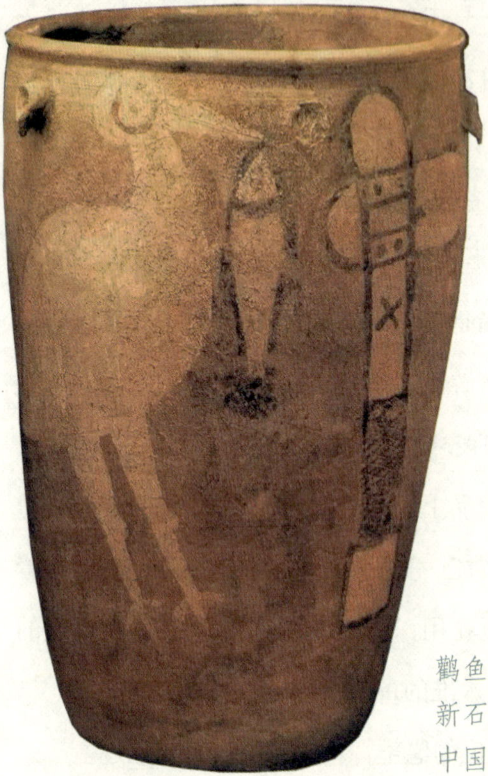

鹳鱼石斧图彩绘陶缸
新石器时代
中国国家博物馆

的那个鹳鱼石斧彩陶缸，根据考古学家们的论证，其实是一种葬具。在发掘的时候，同样的大缸还有十数件，缸内都装着土和人的骨骸。

更让我意外的是那些彩陶盆。如果你在中国国家博物馆的参观足够仔细，你会发现这个人面鱼纹盆的说明牌上写着，这种盆多作为儿童瓮棺的棺盖来使用，是一种特制的葬具！

这些彩陶上的图案是多么纯真可爱啊，除了我们提到的鱼、鸟，还有的彩陶上绘制着小蛙、小鹿、拉手跳舞的人等图案，充满着原始人类蓬勃的生命力和充满童趣的好奇心。无论如何，我无法把这样的物品和死亡联系在一起，更无法想象它们原本就是专为丧葬而制作的。

我总在猜测，会不会存在这样的可能：或许是部落首领的孩子不幸夭亡，长辈们便找出一件格外精美的日常器物，让它陪伴着这早亡的灵魂，在另一个世界里仍然还能够感受到现世的愉快和温情。

特别期待能有更多的考古发现和扎实研究，告诉我们清晰而详细的答案。

让我们把疑惑和探索先搁置在一旁，如果继续沿着彩陶盆开创的艺术史往下看，就会发现时间距离我们越近，陶器上的图案竟然越粗糙，最后甚至有点敷衍了事了，几道粗笔刷过，那些生动精美的图案竟然再难见踪影了。

不过我们不用遗憾，也不必为美术史担忧，一种艺术形式消亡，常常会有另一种艺术形式继起。不久之后，会有另外一种器物横空出世，无论在制造技术上还是艺术性上，都达到了不可思议的高度，并且创造出前所未有的辉煌。

这就是青铜器。

商 后母戊鼎

国之重器

能称为“国家宝藏”的文物数量庞大，但如果让大家投票只能选一件作为“国之重宝”，那该选什么呢？

我想，国之重宝，必须达到几个硬指标。

第一个指标应该是有足够高的地位。所谓国之重器，必须是与国家大事有关。

古人说“国之大事，在祀与戎”，意思是说：一个国家最要紧的大事，是祭祀和打仗，而且祭祀的地位还排在打仗前面，显得尤其要紧。

祭祀，就离不开祭祀用的“道具”，在原始社会解体，进入奴隶制社会后，人们生活中最重要的器具就是青铜器。青铜器的类别相当多，大体分为饮煮器、食器、酒器、水器、兵器、乐器，不同的器物类型，地位也是不一样的。

所以，第二个考量指标，就是哪些器物的地位相对更尊贵、更荣耀，能够称之为“宝”。

在众多造型、用途各异的青铜器中，鼎的地位最为崇高。传说，大禹治水成功以后把天下分为九州，并且铸造了九尊鼎以安定天下，所以鼎就成为了拥有至高权力的象征。在古代，如果有谁去打听鼎的轻重，

“虢季子白”青铜盘
西周
中国国家博物馆

这是目前所见商周时期最大的水器，像个大“澡盆”。

青铜冰鉴
战国
中国国家博物馆

这个则相当于当年的冰箱。

那就意味着他想要夺取政权。直到现在，我们在日常生活中还在使用许多关于鼎的词汇，比如问鼎、鼎盛、一言九鼎、钟鸣鼎食等等，都包含着隆重的意思。

至于第三个指标，就很实在了，既然是重宝重器，那就得足够重！没有十足的分量，哪能让人感受到沉甸甸的宝气呢？

根据这三个指标层层筛选，我们也有了答案——后母戊鼎！

关于这件重器，我想先探讨一下它的名字，毕竟名不正则言不顺，现在大家考据议论的焦点，也都在它的名字。

最早，它的名字不叫“后母戊鼎”。

郭沫若先生根据鼎腹的铭文“司母戊”三个字，称它为“司母戊大方鼎”，并且对这三个字给出的解释是：商王文丁祭祀母亲戊，“司”也就是祭祀的意思。在后来很长一段时间里，没有人质疑过这个名字，但随着考古证据的不断发现和完善，商榷的声音慢慢多了起来。

有些学者不认同对“司”的解释。因为大家发现在

后母戊鼎
商
中国国家博物馆

商周时期的铭文中，字经常出现反写的情况。也就是说，“司”与反过来的“后”，其实是一个字。所以有学者认为，这里的“司”其实是“后”，这尊鼎的铭文也就应该是“后母戊”。

惹起无数争议的铭文

“后”在商代指“君主”，那么，这个铭文的意思应该是“君主的母亲戊”。

当然，学术论争远没有这么简单。现在“司”派学者的声音还是很强大。因为“司”在青铜器铭文中出现得很多，在河南安阳小屯村出土的商代妇好墓中出现过一件大方鼎，上面的铭文是“司母辛”，可见“司”字是当时青铜器铭文的一种“标准”用法，这成为“司”派的一个力证。

“后”派的反击也很有力，他们同样使用了妇好墓的例子，商代的甲骨文中便有“后妇好”的写法。

各有各的道理，两派的论争到现在也没有停。虽然尚无定论，但这件国宝到底还是需要一个确定的名字，现在“后”的证据似乎更加确凿，所以中国国家博物馆的说明牌还是将这尊鼎的名字改成了“后母戊鼎”。

不过，不论它叫什么，它都是我们当之无愧的国之重宝，是我们当之无愧的文明象征。

也正因为如此，大家也才对它的名字格外看重！

后母戊鼎是商王祖庚或祖甲为了祭祀母亲戊所制作，重达 832.84 公斤，是现已出土的世上最大青铜器，国之“重”宝，实至名归！

铸造这样的大器，必定是国力强盛之时的壮举，当然它也必定是科技足够发达的成果。因为器物体量太大没法一次性完成，大家只能想办法分块灌铸，等这些零部件分别制作完成后，再将它们用铜液“焊接”在一起，所以现在在鼎身上仍然可以看到突出表面的接缝。

方鼎连同耸立的双耳高达 133 厘米。鼎身四面素地，四围和鼎足则是巨大的兽面纹，被称为“饕餮”，兽面下方衬着雷纹，看来庄严雄浑，充分展现出镇国重器的巨大气场。

鼎的细节也极为讲究，尤其是一对鼎耳上的纹样，被铸成了两只相对的巨虎，虎口中间夹着一个人头。

在商代的青铜器中出现了不少虎食人形态的纹样，有人说这种由生到死的场景，也正表现了当时的人们希望借助动物的力量来沟通生死的世界的愿望。

也有学者考证，“食人虎”和饕餮一样，都是商代人借这种恐怖狰狞的魔怪猛兽，来驱鬼避邪，获得庇佑。

当年制作者和使用者在面对这些神异之物时的敬畏心情我们已经感受不到了，唯有它的气度和它的壮美，历经三千余年的光阴，仍然没有丝毫减损。

时光可以老去，它却神采依然，只定定地站在这里，就已让人心安。

鼎耳上的细节

中华民族的重宝，自然展现的是中华民族的气度和品格。

不过，它现在能够站在中国国家博物馆展厅里，接受众人礼拜，其实也历经过一段艰险历程。

后母戊鼎发现于1939年的河南安阳，这里正是“殷墟”，也就是商代都城的遗址。

当时的安阳是日占区，因为宝物太大，村民怕被日军发现，于是只能把它掩埋到地下。

不料消息走漏，宝物又几经转埋，躲过了数次险情。

抗战胜利后，村民向政府报告了方鼎明确的掩埋地点。再后来，它被挖掘出来并运送到当时在南京成立的中央博物院保存。

1948年，方鼎正式展出，南京万人空巷，全国也为之轰动。

1959年，方鼎从南京调往北京，陈列在中国国家博物馆里。

商

四羊方尊

凛然不可冒犯的『尊严』

我们前面“评选”过一次国之重宝，后母戊鼎勇拔头筹，因为青铜器作为礼器，地位已经格外不凡，鼎又是权力的象征，更是尊贵无比。

其实，在众多的候选国宝中，有一件作为酒器的青铜器落选有点可惜。除了重量轻一点，论名气，它与后母戊鼎不相上下；论地位，酒器也是高级礼器，在奴隶制社会只有奴隶主贵族能够享用，用以彰显他们的等级权威；要论精美程度，这件青铜器还远远超出了后母戊鼎。

不用多提示了，它就是四羊方尊。

尊，是一种盛酒的酒器。我们可能会认为尊的体量不会太大，所以在亲眼见到四羊方尊之前，它在人们的印象中常常被认作是一件玲珑精致的物件。

但实际上，四羊方尊却是一件有“最大”名头的器物——它是现存已出土方尊中最大的一件，高 58.3 厘米，重 34.5 公斤。

它的大，甚至是具有颠覆性的，会令每个第一次见到它的人大吃一惊，但没等我们从这一惊当中缓过神来，又会继续震惊于它的精美。

商代是青铜器制作的顶峰，像方鼎、方尊都是这时的发明，并且后无来者。

比起更为常见的圆尊，方尊的造型显得更加沉稳浑厚，和方鼎一样，锐利分明的棱角更让人感受到一种坚定和不妥协、不苟且的态度。

四羊方尊出土于湖南宁乡，在造型上，它带着楚地特有的奇谲。

四只羊以立雕形式铸造出来，各自占据方尊一角，羊头从尊的肩部向外探出，腿与尊底齐平，似乎严阵以待，蓄势待发，随时准备向来犯的妖祟发起猛攻。

这当然不是一般的羊，而是充满灵性的神物。

细看它的周身，更是神物绕遍。

最醒目的是它的腹部左右对称地盘着夔龙，正中间还有两只相对的鸟，可见有龙凤护体，龙凤纹上还密布着雷纹！

除了主纹饰，羊身更被致密整齐的鳞甲和雷纹包裹着，气势凛然，不可冒犯。

在四个羊头之间，还塑着四个小小的龙头，两只圆柱状的短角高高地支起，很有几分凶悍的神色。

在羊身以上的地方，也就是被称为尊颈的部位，还有成对的龙纹，它们又两两组成了饕餮纹，大大小小，细细密密，我简直数不清楚究竟有多少，也不知还有哪些没有注意到的地方，还藏着这些祥瑞和神异之物。

这样的气度很符合“尊”的意义，庄严稳重，所谓的“尊严”“尊重”，便是从此而来。

而这一件四羊方尊，便是名副其实的“至尊”。

正因为它的大和美，这件至尊宝物妥妥堪称当时的高科技产品。

因为它造型端方，纹饰华美，并且整件器物外表光洁精细，很难找到铸造的毛糙痕迹，不免让人以为是采用了什么新的铸造方法。

不过，如果你足够仔细地观察，就能发现铸造时留下的那一点痕迹——范线。

所谓“范”，就是用来铸造的模子。

我们所说的模范、就范，都是从铸造青铜器的工艺而来的词。

想要铸造青铜器，必须先制作模子，也就是用泥塑出一件器物完整的样子。

像这种装饰纹样繁复的器物制作起来自然就特别费

四羊方尊
商
中国国家博物馆 （尹楠 / FOTOE）

工夫，要先做出大形，再贴上雕塑，还要仔细刻画出纹样，最后进行细致的修整。

等泥模子做好雕完，把它彻底烘干，就可以看到青铜器完成后的样子了。

泥模子干透以后，工匠用细泥制成的泥片紧密地包裹在模外，泥片上就印上了所有的雕塑和纹样，这就成了外层的“范”。

外范制好后，从模子上分块取下，再次拼合，泥模子就形成了一个巨大的空心的腔，把熔化的青铜溶液灌进腔里就是青铜器。

不过，如果这样直接灌，青铜器就成了个巨大的实心金属疙瘩，所以想要成“器”，中间就得是空的，所以还需要制作内范。

制作内范最简单的办法就是直接用最早的那个泥模子刮去外层，刮去多厚，铸完后的青铜器就会是多厚。

内外两个范之间用支撑物架着，就形成了一个空心层，这时再把青铜溶液灌注在这个空心层里，等冷却以后再破开范，就有了一件青铜器。

如果器型大，青铜器就得分块制造，最后再浇铸连接在一起，方能得到一件大器！

像后母戊鼎那样的重器，需要数百人一起分工劳作方能制作完成，工作量和难度可想而知。

在灌注拼接的时候，块面与块面的拼接处无法做到严丝合缝，所以拼接之处便必定会留下拼合线，这就是“范线”，这是大型器物上留下的明显“缺陷”。

制作四羊方尊的工匠们极尽所能地将范块制作得精准严谨，但范线依然留下了蛛丝马迹。

古人便别出心裁地有意加粗加厚了这些范线，形成了宽厚突出的锯齿状“扉棱”，将这种制作工艺上难以避免的“缺陷”赋予了特别的装饰性，反而让青铜器别具意趣。后来，扉棱也逐渐发展为青铜器上一种重要的装饰物。

孜孜以求，化腐朽为神奇，这便是工匠精神最好的体现吧。这样一件令世人惊艳的宝物，它的出土和流转必定伴随着惊心动魄的故事。

这件宝物的出土十分偶然，1938 年 4 月，湖南省宁乡县农民的一锄头挖出了这件宝物。由于它的造型特别、自带宝气，农民也一眼认出这必定是件宝物，于是倍加珍惜。

宝物现世的消息很快传开，便有人要高价购去，后来为了防止奸商将宝物盗卖出国，当时的湖南省政府便将宝物充公，并交由银行代为保管。

1938 年 11 月，日寇进犯，混乱之中当局的“焦土政策”将长沙化为一片废墟，四羊方尊从此离奇失踪。

到了新中国成立后，寻找这件不明下落的国宝被重新提上日程，没想到寻访之下竟然有了线索。原来当年方尊随银行内迁时遇到日军轰炸，碎成了二十余块。幸运的是，这些碎块都被当时的保管者收集了起来，虽然在湖南省银行仓库的一只木箱内吃了十几年灰，却被悉数保存了下来。

后来，经过专家们的精心修复，这件国宝最终恢复成了完整的样子。

今天的四羊方尊格外安静沉稳，战火硝烟早已成为过去，对于这件三千多年的老“寿星”来说，一点颠沛流离对它来说已经算不得什么了。

不过，回想起来也真是好险，在当时那样的战乱奔逃当中，那些碎片残躯竟然没被抛弃遗失，最合理的解释也就是天佑国宝了吧。

西周

利簋

记载着西周开国史的青铜器

想要了解青铜器，第一步就是先认字。

因为许多青铜器的器型在后世慢慢不再流行，所以它们的名字也就变成了生僻字。

在这许多生僻字当中，有一个字是住在北京的人绝不会认错的，这就是“簋”。这个字的读音同“鬼”，不好听，但好吃。北京有一条著名的美食街就叫作“簋街”。

簋的本意是一种盛放和烹煮食物的容器，用这个名字命名以美食闻名的街道确实是相当贴切，这也为美食增添了古意和文化味。

不过，簋街最著名的菜品是麻辣小龙虾，但在商周时期，簋的任务是盛装谷物。

青铜器作为奴隶制社会重要的礼器，通常是用来祭祀祖先的，所以根据不同的功能被分为了食器、酒器、水器、乐器等等，食器又分为装肉食的和装谷物的。

装肉食的任务一直是由鼎来承担的，而与它对应的则是装谷物的簋了。

礼器的使用范围、规格都有严格的标准和限制，这就是所谓的礼制。

尤其像鼎和簋这些高等级、高规格的器型，在使用数量上有一套完备森严的等级规定，如果违规使用便属于僭越，也就是以下犯上，严重的可是要丢掉性命的。

周礼规定，天子用九鼎八簋，这是最高规格；诸侯下一等，用七鼎六簋，卿大夫再下一等，用五鼎四簋，最末一等是士，用三鼎二簋或者用一鼎，这些都属于贵族，普通人是没有资格使用这样的青铜礼器的，哪怕你再有钱也绝对不许用，这就是等级制度。你注意到了吗？鼎的使用数量都是奇数，而簋则是偶数。

不仅数量有规定，连簋的形态设计也可以看出来它与权力的关系。

簋上部是圆口圆腹，下面的底座则是方的，这也是象征着天圆地方。

到了西周，簋得到了极大的发展，数量极多，出现了许多著名的簋，其中极为重要的一件就是利簋。

因为它记录的是关于武王伐纣的事情。

我们知道许多青铜器上都铸有铭文，这些文字通常记录了重大的事件。青铜礼器大多是传世至宝，金

利簋

西周

中国国家博物馆

属材质也不易损毁，因此它们也最适合承载这些关于家国的重要记忆，仿佛只有铸刻在这样持久的器物上，国家的功勋与辉煌才能够永恒而持久。

所以对于周代而言，再没有什么事件比武王伐纣更重大、更要紧了。这是周王朝轰轰烈烈的开端。

这样的大事，确实值得政权争夺中胜利的一方大书特书，所以铸刻在这尊利簋内部底端的铭文非常清楚地记载了这场战役。

铭文的大意是甲子日清晨，武王带领他的军队讨伐商纣，一夜之间就占领了朝歌，灭了商。八天后的辛未日，武王在阑师论功行赏，赐给一个叫“利”的随行人员许多贵重的金属，主要是铜和锡等，便利用这些金属铸造了祭器以纪念他的祖先檀公。

因为铸造的人叫“利”，所以它便得名“利簋”。

你看，时间、地点、人物、事件来龙去脉一样都不缺，明明白白，一共才用了四行三十三个字，不得不说中国文字言简意赅的妙处，全在这里体现了出来。

当然，这段铭文不简洁明了也不行，因为利簋并不大，口径只有 22 厘米，底部平坦能铸字的空间也有限，容不得啰啰唆唆地长篇大论。

不过就因为这寥寥几个字清楚地记录了利簋的铸造时间，所以让它轻轻松松、毫无争议地成了已出土的西周青铜器里资格最老的“大哥”。

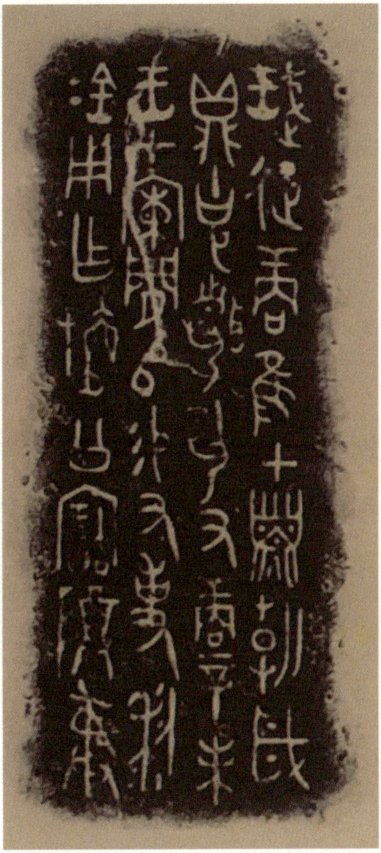

就是这段我们几乎一个字都认不出来的铭文，成了西周开国的记载。

商纣虽然被灭，但商代青铜器的造型风格和纹样样式却并不会那么快就消失。所以尽管利簋铸造于西周，但外观上还带有浓重的商代特点，最显著的就是它的腹部和底座上那种看起来像怪兽的饕餮纹。

饕餮是人们想象中的一种怪兽，它

的形象融合了自然界多种猛兽的特征，古人把它塑造成双眼鼓突、双角巨大、牙尖齿利、有首无身的形象，是为了突出它能吞食一切的狰狞恐怖，也是用来渲染它的神秘和不可冒犯的权威。

饕餮纹是商朝最具有代表性、应用最广泛的纹饰之一。到了周代，商朝人崇尚鬼神的传统慢慢被崇尚秩序和理性的精神所取代，饕餮纹也就慢慢消失不见了。

再到后来的春秋战国时期，所谓“礼崩乐坏”，青铜器所体现的礼制意味越来越淡薄，器物造型和纹饰都更加精巧，富于生活气息。簋这种庄严厚重的礼器逐渐衰落，整个青铜时代也就到了尾声。

战国

匈奴王金冠

草原之王的雄风

在我们学习中国历史的时候，北方广袤的土地上那些生生不息又更替频繁的民族和政权总是让我们有点儿“晕”。历史上著名的北方民族有匈奴、柔然、鲜卑、突厥、蒙古、鞑靼、契丹、女真等等，这些北方霸主与中原政权的关系极为复杂，但在绝大多数时候，它们都是中原王朝的一个严重的威胁。

在我们的历史上出现得最早的，就是匈奴。

《山海经》中说：“犬戎与夏人同祖，皆出于黄帝。” 夏人是指我们华夏的汉族人，而犬戎便是匈奴的前身之一，而且也是导致西周灭亡的“祸首”。

不过，从这则记载来看，倒是清楚地说明了匈奴和汉人的“兄弟”身份。

起先，北方的少数民族人数并不多，部落也很分散，政权更是繁多。一直到了战国后期，北方各民族，如鬼方、戎、狄等各部落才经过融合，形成了一个新民族——匈奴。

从此后一直到东汉的这段漫长的年代里，匈奴便成为了我们历史上出现的一个高频词，而如何对待匈奴，也成为影响中原王朝安危的关键。

在中原汉族的历史上，匈奴几乎就是“凶神恶煞”般的存在，反过来，任何一个朝代、帝王或者将领北击匈奴的胜利，也成为永载青史的辉煌一笔。

在历史上，如何最大限度地减少匈奴人带来的损失，一直是汉族政权的重要战略方向。

我们奇迹般的伟大建筑——长城，最早就是北方各国为了阻止匈奴南侵各自在边境修筑的，比如有赵长城、秦长城、燕长城等等。

到秦始皇建立统一政权以后，修筑长城也成为秦帝国的一项重要军事活动。修筑长城的工程既繁重又漫长，于是也就诞生了孟姜女哭长城的民间传说。

再后来，直接导致秦灭亡的陈胜、吴广起义，也是因为他们这些戍卒前往渔阳戍边时行程耽误。当然，戍边主要就是抵抗北部的匈奴来犯了。

北拒匈奴，真是中原汉族的一部血泪史啊。

不过，对于汉族政权来说，匈奴带来的也并不全是灾祸。

蒙古战马一向是当时汉族政权大力引进的重要战略物资，连他们的服装，也因为便于骑射而成为战国时期诸侯效仿的对象。著名的赵武灵王“胡服骑射”的改革，就是学习匈奴并迅速提高战斗力的著名例子。

不过，比起匈奴带来的损失，好处就显得太微不足道了。

接下来的整个汉代，汉朝和匈奴之间的征战就没有停过。汉初，高祖被匈奴围困于现在山西大同一带的白登山，后来如何得以逃脱回朝，史书上有些讳莫如深，可想而知这一战高祖败得极为狼狈，连回朝也是灰头土脸。

也正是“白登之围”，种下了整个汉代向匈奴“复仇”的种子。

后来，汉高祖又“发明”了“和亲”，从此“公主琵琶幽怨多”。这种通过牺牲女性换来一方暂时安宁的“谋略”，不得不说是中原历史上沉痛的篇章。

但是和亲并不能彻底阻挡匈奴南下，匈奴仗着人马壮悍，时常可以成功劫掠粮草和女子，于是两方的新仇旧恨越积越多，一旦汉族政权稳固，便要进行最后的清算。

纵观历史，不乏成功反攻匈奴的记载。早在战国时期就有赵将李牧“大破杀匈奴十余万骑”；秦灭六国后，蒙恬率领大军北击匈奴，致使匈奴北徙七百余里，“不敢南下而牧马”，“不敢弯弓而报怨”。

再到强悍的汉武帝和他的雄豪将军们登场，写就了汉族对匈奴军事战争当中最壮丽的篇章。

这一次，汉武帝要一举反击，永绝后患。

汉武帝分兵两路，想要来个前后夹击。

一方面，汉武帝派张骞出使西域，想要联合西域的大月氏共击匈奴；联军最后并没有组成，丝绸之路却得以贯通。从此以后，这条路的畅通与阻滞便直接体现了中原政权实力的强与弱。

另一方面，是正面战场上硬碰硬的军事交锋。少年英雄霍去病有一句脍炙人口的名言“匈奴未灭，何以家为”，除了雄壮，还带有格外的浪漫气息。在反击匈奴的征程上，现在，河西走廊沿线的酒泉、武威、张掖等地名，也都是因为霍去病留下的故事而得名。

在狼居胥山这个匈奴的大本营，汉军几乎一举荡平匈奴，骠骑将军霍去病筑坛举行了祭天仪式。那时的他，刚刚二十一岁！

中原汉族与北方匈奴几百年来的交缠、征战，在这一刻，终于有一个决定性的结果。

中原帝王，可以长长地松一口气了。

致命的军事打击加上数年的惨淡经营，汉代设立了西域都护府，加强了对西北边境的管理，战火平息了六十年。

然而，这种宁静并不代表双方真的相逢一笑泯恩仇，在这种微妙又脆弱的宁静里，既有汉元帝的大将陈汤豪言“明犯强汉者，虽远必诛”，也饱含着元帝的宫女昭君出塞的泪水。

西汉末年，匈奴内部起了纷争，分裂成了南北两部分，这让匈奴内力大损。南匈奴各部有些南下归附汉朝，又有些与汉族、西部、北部各少数民族融合；而一直不服气的北匈奴则在与东汉的交锋中败多胜少，最后溃散的残部向西迁徙直至欧洲。

来到欧洲的这一群不速之客杀伤力极大，成为当时罗马帝国的巨大威胁，欧洲人畏惧地称其为“上帝之鞭”，认为这是上帝派来惩罚他们罪恶言行的皮鞭。

不过，由于匈奴人一直保留着游牧的习惯，无法建立和治理稳定的政权，最后也只能消失在茫茫的历史中。不过，匈奴人并没有完全消失，有一群在多瑙河一带定居繁衍的匈奴人，被认为是现在匈牙利人的祖先。

说了这么多，我们其实都是站在中原汉族的角度，如果从匈奴的角度来说，他们其实也有自己的无奈。

匈奴主要生活在长城以北一带，这些地方气候严寒、土地贫瘠，他们纵然有心有力，却无奈气候和地理条件都让他们无法定居耕种，居无定所，衣食不周，生活在北地的民族也就只能以游牧为生。

比起农业，畜牧业更脆弱，几乎没有抗风险能力，一旦天气条件异常，就会导致牧草短缺，游牧者便可能全体覆灭。在这种情况下，南下掠夺农业民族的生活物资也成为他们最为高效的生活出路。

北方地区因为土地广袤、人口稀少，极难建立统一的政权，部落之间冲突战争不断，一些小部落被逼得走投无路，便南下内侵以求得一块安身之地的情况也不少见。

想要在北方带领部众生息繁衍是件极为不易的事。地广人稀，部族繁杂，内部争斗远比外部来得凶险，所以首领非得是个铁血人物不可，比如匈奴历史上最

匈奴王金冠
战国
内蒙古博物院

著名的冒顿（mò dú）单于就是一个这样的狠角色。

在我们印象里，北地因为物资缺乏，生活艰难，所以匈奴人的生活方式粗犷不羁，连匈奴王的金冠也不像中原的器物那样精巧华美，而只能以气势取胜。

这顶匈奴王冠是战国时期的遗存，它由纯金打造，足足重1.5公斤，除了极少一点绿松石，其他全是黄金材质，没有过多珠玉装饰，甚至没有繁复的雕琢镂刻，这股质朴雄健的气质倒是和匈奴王很相配。

不过，到底是王冠，所以制作还是很讲究的。

这顶匈奴王的金冠上，浓缩着匈奴人的生命基调。

金冠顶上是一只展翅的雄鹰。凶猛霸悍的鹰迎着风沙孤傲地抗击长空、捕猎千里，正是匈奴人心中最神圣的形象。它的头部和颈部由绿松石雕琢而成，格外尖锐，显出的正是匈奴傲然不屈的精神。

半球形状的冠体上刻的是狼羊咬缠的纹饰，这正是匈奴人格外熟悉的动物和场景。

匈奴人以游牧为生，羊群便是他们的一切，是他们的财富，更是他们的生命所系。可是，羊对于草原上的狼也一样啊，是它们的美味，也是它们生存下去的指望。

匈奴王金冠的三道半圆的额圈上，也刻有匈奴人生活的见证。

额圈两端的浮雕上既有凶猛的卧虎，又有强健的盘羊、卧马，这都是积聚力量蓄势待发的形象。长期承受着天地自然残酷训练的匈奴，大概也正是这样吧。

匈奴人一直都忍受着上天这样的“试炼”，所以他们的性格中也蕴含着坚韧与勇敢的特点。不过，他们的勇猛，却给其他民族带来了灾祸。

“天苍苍，野茫茫，风吹草低见牛羊。”这是对北方少数民族的游牧生活最浪漫瑰丽的描绘，但这样的日子其实极少，他们更多的是面对着大漠风尘和一片光秃秃的戈壁。他们也要活下去，只能练就一身武艺，在年景极坏的时候南下劫掠他们维系生命的物资。

每一次南下，匈奴自己的损失其实也是相当惨重的。由于汉人的坚决抵抗和战斗力不断增加，匈奴人每来一次，付出的代价也更大一些，更何况还有绵延的长城雄关越来越高、越来越险，边地的守军越来越多、越来越强……

王朝更替，时光流转，那些来去如风、翱翔天际的大漠雄鹰——匈奴，最终消失在荒烟蔓草里，而其他民族和政权轮番登场，在历史上亮相。

不过，“匈奴”以及与之有关的词却一直都很鲜活，尤其在当时汉人的诗词当中，它变得极具贬义，比如“月黑雁飞高，单于夜遁逃”；“但使龙城飞将在，不教胡马度阴山”；“三十六人抚西域，六头火炬走匈奴”；“偏坐金鞍调白羽，纷纷射杀五单于”；“誓扫匈奴不顾身，五千貂锦丧胡尘”……

尤其著名的，还有岳飞那句“壮志饥餐胡虏肉，笑谈渴饮匈奴血”。

这是充满豪情的浪漫主义的吟咏，民族之间的血战，哪会如此轻松呢？

有一点尤其可惜可叹，匈奴的历史其实不算短，对我们历史产生的影响更是难以计算，但历史上留下来的匈奴王冠，却唯有这一顶，因其珍贵，它也被誉为“草原瑰宝”。

汉 金缕玉衣

追求永生的反面教材

要说起“衣服”，古往今来最奢侈贵重的必定是金缕玉衣了。不过严格来说，它其实并不能算是“衣服”，因为它不是给活着的人穿的，而是用来盛放尸体的敛服。

当然，它是最奢侈贵重的敛服。

单就材质而言，金和玉都是古代最贵重的材质，更重要的是它们的寓意和内涵符合了古人追求不朽的梦想。

金除了有象征富贵的寓意外，它的性质格外稳定，历经千万年仍然可以粲然如新、光芒闪耀，所谓“永生不灭”，不就是这样的情形吗？

玉的材质莹亮温润，惹人喜爱，但更重要的是古人相信玉具有抵挡邪秽的神奇能力，不但能保持肉体不朽，还能通灵。所以它不仅能满足墓主人不腐不朽的愿望，更能带着他飞升登仙。正因为此，玉自原始时代起，无论东西南北，大家不约而同地把它作为高级的陪葬品，尤其是在当时的部落首领和祭司的墓葬中，玉石材质的陪葬品数量庞大，制作工艺也极为精美。最有名的是距今四五千年前，北方的红山文化和南方的良渚文化中出土的玉器。

玉一旦被使用在墓葬当中，人们对它的热切追求就没有停止过。早在西周就出现了玉覆面，也就是把玉切割成小片，让其贴合人脸的形状，再固定在丝织物上用来遮盖亡者的脸；此外，又出现了玉塞、玉含、玉握等等。玉塞用来塞住亡者身体的孔窍，使其精魂不泄；玉含则是专供亡者含在口中的“饭食”，以玉蝉最多，因为古人认为蝉能够蜕而复生，最符合亡灵复

玉覆面
战国
荆州博物馆

整块玉雕成的玉覆面很少见

生的期盼；玉握则是让他们抓在手中带到另一个世界的财富，汉代玉握的形状有许多是玉猪。

有了这些铺垫，再加上汉代人非同一般的浪漫气质，于是他们便突发奇想，设计出了这样堪称极致的金缕玉衣来。

通常的玉制陪葬品多数是玉璧或者其他形状的玉器，但用来覆盖墓主人，毕竟遮盖得不那么合体，所以玉衣堪称全方位360度无死角，按照人的大致形体把墓主人包裹得严严实实、密不透风。正因为它的严密，与其说它是“衣”，倒不如说它是“盒子”，所以玉衣因此也称“玉匣”或者“玉柙”。

玉衣的制作极其烦琐复杂，所以也就倍显珍贵，只有地位极高的帝王贵胄才能享用如此隆重奢华的敛服，或者说是礼器。

汉代设立了专门制作玉衣的“东园”，大量的工匠终年劳作，先是选料、切片、钻孔、抛光，再根据人体不同部位的需要，将玉片截成不同的形状，最后用纯金拉成的细丝穿缀在一起，十多道工序下来，制作一件中等型号玉衣的花费已相当于当时一百户中等人家的家资。

根据不同的等级，玉衣分为金缕、银缕、铜缕等。金缕的等级自然是最高的，在目前出土发现的十多件玉衣中，河北中山靖王刘胜和妻子窦绾的金缕玉衣是唯一的男女一套。

刘胜是汉景帝之子，汉武帝刘彻的亲兄弟，后来三国时期的刘备自报家门的时候一再强调自己是中山靖王之后，说的也正是他。而窦绾则是景帝的母亲窦太

金缕玉衣
西汉
河北博物院

后的族人。

这样显赫的地位加上刘胜本人“优于文辞”、喜好荣华，所以对于自己死后的葬器才有着格外超群的要求和标准吧。

刘胜的这件玉衣共用玉片 2498 片，金丝重 1100 克；窦绾的玉衣共用玉片 2160 片，金丝约 700 克，可想而知昂贵稀罕到了何等程度。

有了玉衣，再加上成套的玉塞、玉含和玉握，该有的就都齐备了，再有想象力的人大概也实在想不出来还有哪里是空着的了，于是墓主人可以安心睡去，静静等待自己死而复生了。

不过，这些王公贵族大概想不到，正因为金缕玉衣珍稀昂贵，反倒让他们死后也不得安宁，甚至引发了盗墓毁尸的厄运。于是到了三国时期，曹丕下令禁用玉衣陪葬，流行了四百多年的金缕玉衣才这样慢慢消失了。

刘胜和窦绾二人的墓葬因为发现于现在河北保定的满城，所以被称为“满城汉墓”。这座汉墓没有被盗墓者侵扰过，但考古人员发现时，玉衣却已经塌陷，墓主人的肉体早已化归尘土，哪里还有什么不腐的肉身和不灭的精魂。

再如何的金尊玉贵，到头来终归是尘归尘、土归土啊！

透雕双龙高钮谷纹白玉璧
西汉
河北博物院

汉代玉雕的代表性杰作

汉

错金博山炉

好一个烟雾缭绕的神仙世界

焚香熏香在我们的生活中一直占有重要的一席之地。只可惜香料难以长久保存，更别说那些人们在影视和文学作品中虚构的奇香，所以现在我们很难真正体验到古人用香的神奇之处。不过，好在还有一些香炉完好地保存下来，奇异的造型和华美的装饰倒是很能启发想象，让我不禁猜想或许小说还不如现实精彩。

中国用香的历史十分悠久。早在原始社会，先民便已开始焚烧香草香木来清臭避秽、净化空气。到了商周时代，人们使用一种敞开的香炉，样子像“豆”这种礼器，直白地说就像一种巨大的高脚杯。香草被放在炉中直接焚烧，虽然香气浓郁但烟火气也确实熏人，实在是简单粗暴。

到了汉代，焚香就格外讲究起来了。

香料不再是纯天然未加工的香草了，因为交通发达、外贸发展，域外香料大量传入中原地区，汉代的人们拥有了龙脑香、苏合香这些油脂类的原料，又学会了进行香料的精加工，制作香球和香饼，原来粗放型的焚烧方式也就随之更改了。

这种精加工过的香料不像天然草木那样会烧出明

火，它们只能暗烧，这样烟气就小了许多；熏炉此时也被加上了盖子，这样一来，熏香就显得柔和雅致得多了。

汉代的熏炉流行一种独特的样式，被称为“博山炉”。

其实，博山炉就是盖子塑成山形的熏香炉，有的下面还附有铜盘。北宋时期的史学家说这种香炉像是海上仙山，下面的铜盘则用来装热水以湿润烟气以表现

鎏银骑兽人物博山炉
西汉
河北博物院

海水环绕，这其实是想多了。

博山炉下面的铜盘用法很朴实，就是用来盛燃尽后落下的香灰的。不过，关于仙山的说法，倒是没有错。

在秦汉时代就很流行东海上有仙山的说法，它们名为蓬莱、方丈、瀛洲，山上云气升腾，芝草繁茂，其间还有灵禽瑞兽出没，这是仙人的居所，仙人手里有长生不老药。秦始皇不是还派出了寻找不老仙方的队伍，出海寻找仙山吗？

到了汉代，人们追求长生与升仙的信仰有增无减，所以连生活中实用的熏香炉，都被寄托了这种美好的期望。

越是地位高的贵族，所使用的博山炉也就越是精巧华美。其中最出类拔萃、饱含“仙气”的一件，是满城汉墓出土的错金博山炉。

我们在上一章里已经通过刘胜和他妻子的金缕玉衣了解了墓葬的豪华，而这件错金博山炉却让我们在奢侈之外体会到了精致和风雅。

通常，博山炉的结构由炉底、炉柄、炉身和炉盖四部分组成，体现制作工艺的精巧设计大多集中在炉盖上，但这件错金博山炉却从上到下都透着灵气。

炉底是三条龙交缠出水的奇景，龙身蜿蜒盘曲，引起向上汹涌翻腾的水浪构成了炉身。炉身上错金的云气交错往复难辨首尾，又像波涛起伏跌宕，仙山于是在波涛和云雾间时隐时现了。

这炉盖上的仙山称得上是峰峦叠嶂，很难数得清究竟有几重。山峰堆聚，越往中间起势越高，其间不乏嶙峋陡峭的怪石，细看来，石头上还伏着蓄势待发的虎豹。

山峦之间还有灵猴，它们为博山炉增添了别样的生趣。这些机警的小猴子在山间出没，还有些更调皮的，竟然骑在神兽身上戏耍。不过，它们可要当心猎手，他已经手持弓箭在山间巡猎了。

光有山还不行，必定还要有洞穴，才更显得仙山的奇峭多姿。这些洞穴不仅仅是装饰，还具有重要的实际用处。这些孔洞藏在山谷间作为通气口，一旦香料被点燃，烟雾便袅袅地从山间升腾而起，整个博山炉就真的成为一个云雾缭绕的微缩神仙世界了。

这件博山炉是刘胜墓中出土的珍品，从两千多年前

错金博山炉
西汉
河北博物院

一直闪亮到了现在，这真叫惊艳了岁月。

炉体全无锈痕，华彩流动，宝光四溅，一看就知道是人间难得的至宝。

汉代留下来的博山炉数量并不少，本来算不上什么稀罕物，但这一件却独步千古。除了设计之精，构造之繁，特别重要的一点就在于它通体闪耀的金光。

这种铜体上嵌金丝的工艺称为错金，就是在铜器表面预先铸出或刻出图案或者文字的凹槽，然后在槽中嵌入金丝、金片，将其锤打牢固后再用蜡石打磨，使金丝、金片平整光滑地与铜底融为一体，而有些器物同时使用金和银两种金属，这便是“错金银”。这样，一件器物上因为有了金、银、铜三种不同的金属材质，便会闪现出三种不同的光芒。

不过，由于这三种金属抗氧化的能力不同，千年时光拂过之后，大多数情况下铜会锈蚀，银会氧化黯淡，唯有黄金能够应对从容，颜色不改。

博山炉是集功能性与装饰性为一体的成功设计，所以不仅在汉代流行一时，一直到宋代还被人们大量使用。自东汉瓷器烧造技术日渐成熟之后，还出现了许多瓷制的博山炉，模仿的都是铜制博山炉的样式。

不过要说起来，博山炉这个名字倒不是它的发明者汉代人所起的。汉代人比较质朴，老老实实地叫它“熏炉”“香炉”。名字究竟是谁起的现在失于考证，不过根据现存资料，博山炉这个浪漫的名字最早见于东晋葛洪所撰的《西京杂记》。

博山炉确实是件美好、浪漫的物件，所以不断有文人在诗词文赋中赞美它。

汉代古诗《香炉》中写过：“四坐且莫喧，愿听歌一言。请说铜炉器，崔嵬象南山。上以植松柏，下根据铜盘。雕文各异类，离娄自相连。末火燃其中，青烟飏其间。顺风入君怀，四坐莫不叹。香风难久居，空令蕙草残。”

西汉刘向作有《博山炉铭》曰：“嘉此王气，崭岩若山。上贯太华，承以铜盘。中有兰绮，朱火青烟。……”

宋代的黄庭坚也有题写博山炉的名诗：“飞来海上峰，琢出华阴碧。炷香上袅袅，映我鼻端白。听公谈昨梦，沙暗雨矢石。今此非梦耶，烟寒已无迹。”

汉

长信宫灯

细数更漏到天明

长相思，在长安。

络纬秋啼金井阑，微霜凄凄簟色寒。

孤灯不明思欲绝，卷帷望月空长叹。

美人如花隔云端！

……

李白的《长相思》画面感强烈，吟诵着这场景里的那座孤灯，我总是会想到长信宫灯的样子。

其实，李白生活的年代和这座灯相隔了上千年。我想起她，只因为这个女子比诗歌更寂寥。

这或许不是我的幻觉。

长信宫灯出土于汉代中山靖王刘胜妻子窦绾的墓里，但这座灯原本是长信宫的旧物。

长信宫是汉代皇宫里最重要的宫室之一，主要作为太后的居所。可以想象，这里并不是个热闹的所在。

或许在白天，长信宫里还有匆匆来去的帝王后妃带来一些人气，而到了夜晚，四周便只有无尽的黑暗。

此刻她正跪坐在地，右手提着灯罩，左手托着灯座，这样的姿势一保持就是整夜。

长信宫灯
西汉
河北博物院

她表情很平淡，眼睛不知在看什么，只微微低着，愣愣地出神，眉间似乎还微蹙着。

因为这样的造型和神情实在太生动，所以我们有理由相信它绝不是凭空突发奇想的产物。

现在虽然无法考证这座灯是何人所造，但深宫里的

朱雀衔环杯
西汉
河北博物院

这也是满城汉墓出土的精美文物，被认为是装胭脂的“化妆盒”。

妙龄女子在幽寂的暗夜里提着灯发呆的场景一定打动了制作者的内心，他才灵光闪现地把她们这样单薄又感伤的姿势和神情固定在了灯里。

这是怎样精妙的设计啊！

整个灯被分成六个部分分别铸造，头部、身躯、右臂、灯座、灯盘和灯罩各自独立，所以皆可以转动拆卸。

既然是宫灯，它的主要作用还是在照明上。古代宫灯通常使用的是动物油脂或蜡烛，烟大，为了避免把室内熏黑，宫女右边的宽大袖子和灯顶被设计成一体，她的身体是中空的，所以油烟便可以顺着右臂进入体内，室内便不会受到油烟困扰，而头和臂做成可拆卸的活动样式，也便于清洗灯的内部。灯盘上还有一层屏板，能够推动开合，从而调节灯光的亮度和照射方向。

实在不得不佩服古人的浪漫和卓绝的想象力，竟然能够将观赏性和功能性结合到如此极致的程度。

这座宫灯通体鎏金，在夜里更加闪耀。

鎏金工艺是将金和水银合成金汞合剂涂在铜器表面，通过加热水银被蒸发，金就附着在器物表面了。

鎏金工艺除了能够增加器物的辉煌华贵，也保护器物不易被锈蚀，所以即使历经两千多年，宫灯仍然熠熠生辉。

如果这座灯真的具有宫女的感情，每当夜里油灯燃起，那小小的火苗或许就是她内心唯一的温暖。没办法啊，谁叫这长信宫，从一开始就结着很深的怨气呢！

根据《汉书·外戚传》记载，汉成帝时，班婕妤以

彩绘雁鱼青铜釭灯
西汉
中国国家博物馆

这件青铜灯是艺术性与实用性结合的绝佳例子。

才学入宫，后来被得宠的赵飞燕嫉妒，班婕妤为了自保避祸，就请求到冷僻的长信宫侍奉太后。这是长信宫怨的开端。

这样的哀伤传染了千年之后的诗人王昌龄，他一连写了五首《长信秋词》，因为一个“秋”字，长信宫更显凄凉。

《长信秋词》中有两首最著名：

奉帚平明金殿开，且将团扇暂徘徊。玉颜不及寒鸦色，犹带昭阳日影来。

金井梧桐秋叶黄，珠帘不卷夜来霜。熏笼玉枕无颜色，卧听南宫清漏长。

不论是谁“卧听南宫清漏长”，旁边大概都会有这么一位小宫女默默服侍。但她的寂寞和伤心，又有谁在意呢？

汉
说唱俑

汉代的即兴说唱表演

想要为汉代评出一件最有特色的雕塑，是件吃力不讨好的事情，汉代的雕塑成就非常高，实在是难以抉择。

汉代雕塑令世人惊艳的例子不胜枚举。

霍去病墓的马踏匈奴、石牛石象沉稳大气，彰显出少年英雄的霸气；东汉的天禄、辟邪雄浑劲健，神俊非凡，守护着天地的平安。还有那铜奔马，凌空奔腾、潇洒俊逸，这样难得的雕塑珍品把汉代人超拔的精神状态展现得淋漓尽致；至于那些靠着阵仗严整取胜的兵马俑，则让世人看到汉代人当初是何等披坚执锐、气势如虹。

汉代雕塑中还有许多动人的女性形象，河北满城刘胜墓出土的长信宫灯，展示的是宫廷生活的华美奢侈，那宫女宁静的坐姿，让人品出一丝宫闱的寂寞；还有那些曼妙窈窕的仕女俑，长袖善舞的形态显得十分绰约多姿。

任凭哪一件，在中国艺术的长河里都足够熠熠生辉，而这仅仅是汉代雕塑的惊鸿一瞥。

不过，要论起最接地气、最让人感到亲切的作品，有一件雕塑脱颖而出。它像是穿越了时空，从两千年前一直说着唱着来到今天，仍然那样真实可亲。

它，就是说唱俑！

这件出土于四川地区的文物，确实很有些蜀地的特色，那种鲜活劲儿，那种浓浓的人间烟火气，正像是这里翻滚不息的红油锅底，热辣喧腾，还不断冒着白烟，畅快淋漓得让人无法拒绝。

所以，在我心目中，这件说唱俑不仅是蜀地的气质代表，更无疑是汉代雕塑中最可爱的作品。我也相信看到它的人，没有谁不会从心底里泛起笑意来。

这件说唱俑被陈列在中国国家博物馆的“古代中国”展厅里。

当我们在展厅里以时间为序，从远古时期开始，一路从仰韶文化的陶器、红山文化的玉器看到夏代的青铜爵、商周的青铜鼎，再到秦汉的兵马俑，这些国宝呈现出的氛围是威严、庄重，甚至透露着一丝神秘，于是让我们的心情和感受也不由得庄肃恭谨起来。

不过，只待汉代的章节将近结束，一转眼便会见到它，寂冷空旷的展厅里，气氛立时欢腾起来。

他并没有动，也并没有观众围观，但此刻我却仿佛听到四周漫起了人声、笑声、叫好声，再看他，似乎也越发眉飞色舞神气活现起来。

看来并不是他穿越两千年的时光而来，而是他带着我们穿越时光而去了。

从装扮来看，他正在表演滑稽戏，看他游刃有余的样子肯定不是个新手，而是位经验丰富的老演员。从微张着的嘴巴，可以看到他的牙齿已经稀落不齐，但从他开心投入的表情就能知道，他说的笑话一定非常好笑。

他的装束很简单，头戴一顶平头小软帽，额前扎个花结，上身袒露着，裤子只被腰间一条线轻轻一勒便是了。

表演滑稽戏全凭一张嘴，张口便来、即兴发挥，演的日子久了，一抬眼一举眉也都是戏了，实在用不着太多的行头。

当然，为了表演效果，还是需要一点小小的道具。他左手环抱着一面小扁鼓，此时正讲到了兴头上，右臂高举着鼓槌，正待击下去。

说唱俑
汉
中国国家博物馆

可惜不知他说唱的是什么内容，不过必定异常有趣，所以连他自己都像是被感染了。看样子情之所至，单是说唱显然已经不够，于是说书人自己也随着讲述的情节手舞足蹈起来。

我有点好奇他的左臂上那一串臂饰是什么，珠串间夹有几个小瓶子的形状，难道是酒瓶？借酒助兴，便能更加逸兴遄飞吧？

表演者如此投入，我们观众也就欣然忘我，看着他额上一道一道又深又密的皱纹，满眼满心的笑意便这样在心头一波一波荡漾开来。

这样夸张的神情在我们一贯严肃的艺术中，确实是少见的，所以格外突出，格外具有感染力。

当然，他感染我们的不仅是神情，还有他的姿势。

这具陶俑身体形态的塑造极尽夸张，又格外简洁，只一条线便分开了上长下短的半身比例，幽默感从中而来；下半身只圆墩墩的囫囵一块，不免让人好奇这说书人鼓胀的肚子里不知还藏着多少笑话。

他的下半身虽然看起来粗笨敦实，却一点儿也没有影响到那条跷起的右腿，反而衬托出他异常的灵活来，正好与伸出的右手形成了呼应。

这件说唱陶俑的精妙之处在于，这样“同手同脚”的姿势很容易让雕塑失去平衡感，但工匠将他的身体塑得微微弓着背，与伸出的手脚形成了一道浑然天成的弧度，恰到好处地保持了微妙的平衡和稳固。

这正是当年的工匠举重若轻的功力。

这件说唱俑因其采用了坐姿而被称为“坐式说唱俑”。还有一件当时四川郫县出土的东汉立式说唱俑，也塑得极为传神。

立式俑的身体扭动的幅度很大，耸肩屈膝，呈现出一种起伏的S形，既活泼动感，又和谐均衡，同样显现出工匠的娴熟技艺。

他的脸部表情更夸张，舌头使劲向上伸，嘴角便被相应地牵到一边，像是在模拟痛苦难耐快要哭出来的表情。

这一坐一立，一笑一哭，倒真是一对绝配。

说唱俑是四川地区的特色文物，除了这两件，这一地区还出土了许多类似的陶俑，姿势也不外站和坐。

我想，现在四川茶馆里的龙门阵，或许和这些说唱俑有点渊源吧。也许是因为艺术都是共通的，你有没有发现，时下流行的说唱乐也和当年这些说唱俑的表演方式颇多相似。我非常相信，如果要求这些汉代的表演者奉上一段即兴表演，他们应该毫无压力。

立式说唱俑
汉
四川博物院

汉代娱乐风气很盛，尤其是滑稽戏表演几乎无处不在，成为上至皇室公卿、达官富豪，下到民间百姓的生活必备。拥有如此庞大的从业队伍，其中自然会产生一些奇人，连司马迁在著《史记》的时候，都为他们专门安排了一篇，名为《滑稽列传》。尽管《滑稽列传》中记载的奇人、能人多数并非说唱人出身，但之间也应有几分渊源。

列传中，记载了淳于髡（kūn）、优孟、优旃（zhān）等历史上滑稽人物中的佼佼者。虽然他们都不是汉代人，但正因为汉代的滑稽人物众多、规模浩大，才会有司马迁这样的史家注意到这个特殊的人群。

这些名垂青史的滑稽人物不但品行了得，“不流世俗，不争势利”，而且才能出众，“谈言微中，亦可以解纷”。其中有些人通过调笑的方式针砭时弊，直刺当时腐朽统治，这便有些嬉笑怒骂皆成文章的意思了。

这也算得上滑稽载道了。

再看这些说唱俑，我便不仅不敢把他们小瞧了去，甚至还颇有几分敬重，想来他们之中也必有高人。

这个说唱俑如此神气，或许正是以当时的某个“著名”人物为蓝本塑造的吧？

在当时，这群滑稽戏演员还有个专门的名字，叫作“俳优”，俳即诙谐滑稽，优就是演员。不过，俳优的地位相当低，在当时如果把人当成俳优对待，那其实是一种相当的侮辱。

比如汉武帝时代最著名的聪明人东方朔，一生精通经学，抱负远大，尤其善辩，总是通过说笑话的方式来讽劝武帝，也颇有些政治成绩。但很可能正是因为他讲话总是这么“不正经”，汉武帝总是把他当作俳优。

这成了他一生的痛。

不过，毕竟是大臣，后世也就一直把东方朔塑造成

彩绘陶舞俑
西汉
中国国家博物馆

含蓄的女性形象

文人或者须发皆白的老者的形象，和说唱俑并无相似。

对于这些说唱俑，我们也有一点缺憾，就是我们只见当年的说唱俑，却不见有当年观众形象的陶俑。

工匠们只专注要把这些俳优塑造得活灵活现，感染力非凡，却并没有人想到要去留下观众们的形象，所以我也只能凭想象猜测观众们乐不可支、东倒西歪的情貌了。

不过，之所以只有表演者而没有观众形象，也是有原因的。

其实这些俑都是墓葬出土的随葬品，他们其实是有观众的，他们的观众就是墓主人。汉代流行厚葬，所以墓主人想得很周全，不仅衣食丰盛、车马便利，连娱乐都要准备周全。

东晋

洛神赋图

好一场凄美的人神绝恋

《洛神赋图》在中国古代人物故事画当中人气极高。东晋的顾恺之画过之后，又产生了许多摹本。有人统计过，海内外的版本加起来足有九本之多，稍微保守点的统计也有六本，可见它的受欢迎程度。

这幅图，取材于三国时期的大文学家曹植的一篇名作《洛神赋》，而这篇文章又源自作者一段似真似幻的故事。

好在顾恺之有生花的妙笔，曹植笔下这篇词采华茂的辞赋才被幻化成一卷柔丽婉转的画面，他那一段凄绝哀婉的人神苦恋，也才具有了可见可感的生动情貌。

想要看懂画面，我们不妨先了解一下曹植写就的《洛神赋》绮丽的文字。

曹植是曹操的第三个儿子，也是魏文帝曹丕的弟弟。由于以前曹丕和曹植有过王位的争斗，所以曹丕登基后对曹植很是忌惮，为了限制和打击他，曹丕将曹植的封地多次迁徙。

黄初三年（公元 222 年），曹植来到京都朝觐后，便准备回到山东封地。当他和随行人员来到洛水之滨时，已经日薄西山，人困马乏，于是一行人等便在岸

顾恺之《洛神赋图》，东晋（宋代摹本），辽宁省博物馆（局部）

神光离合，乍阴乍阳。

边就地休息。

曹植自己在洛水边漫步，一抬头却看到了一位绝代佳人立于山岩之畔，这便是洛水之神，名叫宓妃。

曹植形容她：

> 翩若惊鸿，婉若游龙。荣曜秋菊，华茂春松。髣髴兮若轻云之蔽月，飘飖兮若流风之回雪。远而望之，皎若太阳升朝霞；迫而察之，灼若芙蕖出渌波……

这么美的文字只能原文抄录，因为任何翻译都会大大折损原文的意境，这也算得上是描绘女子姿容的绝唱。

曹植倾情于洛神的淑美，便向她表达了自己的心意。虽然他内心对女神极为倾慕，却不敢有丝毫冒犯。洛神也感念他的真挚，同样表达了深沉的思慕。一时之间，众神都围绕着洛神或击鼓嬉戏，或凌空舞蹈，洛神便在簇拥之下时行时止，顾盼多情。

洛神与曹植二人神会许久，情感也越来越深厚，可

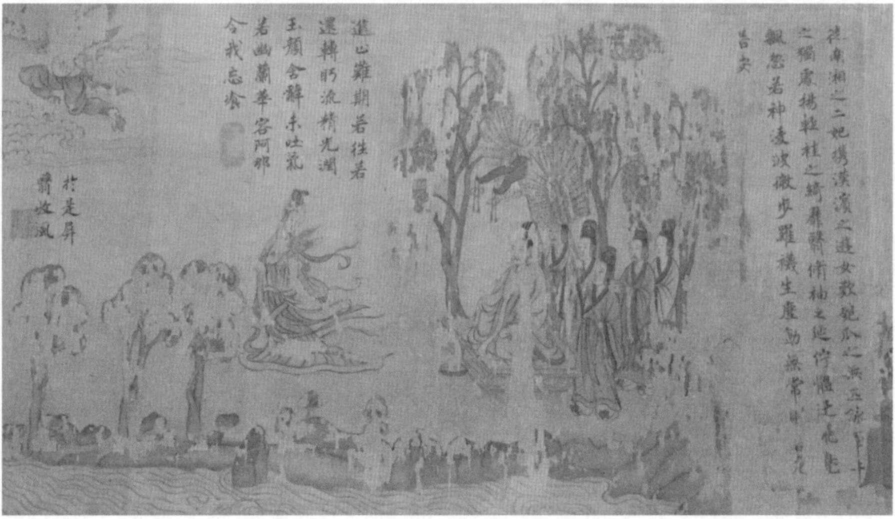

洛神的风姿，令曹植到了“忘食”的地步。

是很快就到了分别的一刻。洛神乘着六龙牵引的车驾，在鲸鲵（雄为鲸，雌为鲵）、水禽的环绕之下离去，边行边回头，泪眼婆娑地与曹植依依惜别。

没办法啊，神人有别，这场梦幻的爱恋注定是个悲剧。洛神一去就再也没能回来。曹植又在洛水边流连了多日，他总是期盼着能与洛神再度相会，他还乘舟逆流而上追寻洛神的身影，但心爱的人啊，世间何处还能再现你的身影？

辞赋结束了，留下了无尽的不舍与哀伤，虽然明知道故事纯属虚构，但读来仍然令人断肠。

曹植在当时是文坛明星，他的《洛神赋》流传极广，直到东晋仍然有许多追捧者，顾恺之便是其中之一。在东晋这个动荡不安的时代，生命的脆弱让人活得更加率性痴情，更加激赏这样的一往情深，《洛神赋》的故事，正符合此时的风潮。

顾恺之在当时被人称为“才绝、画绝、痴绝”，这样的才华和痴情与曹植的这件“神作”实在是相配得很。

顾恺之的这幅长卷像是一幅“连环画”，即使不知

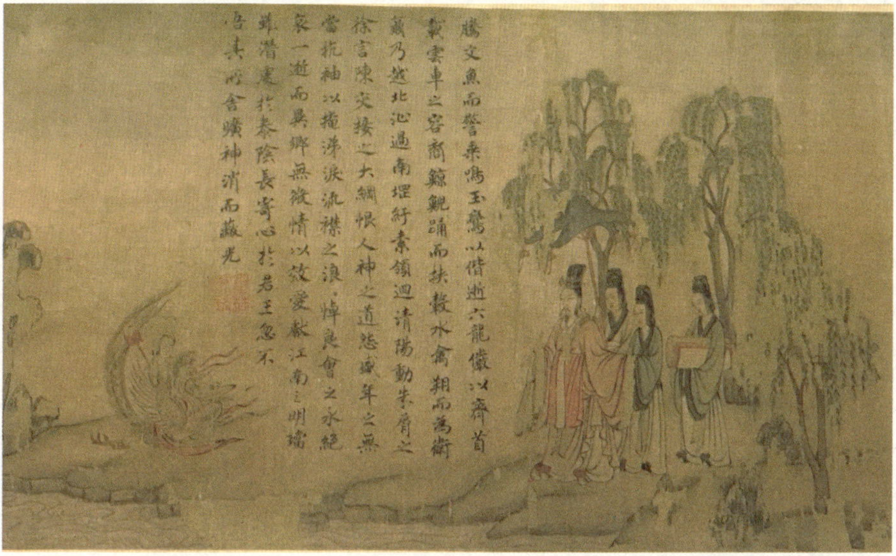

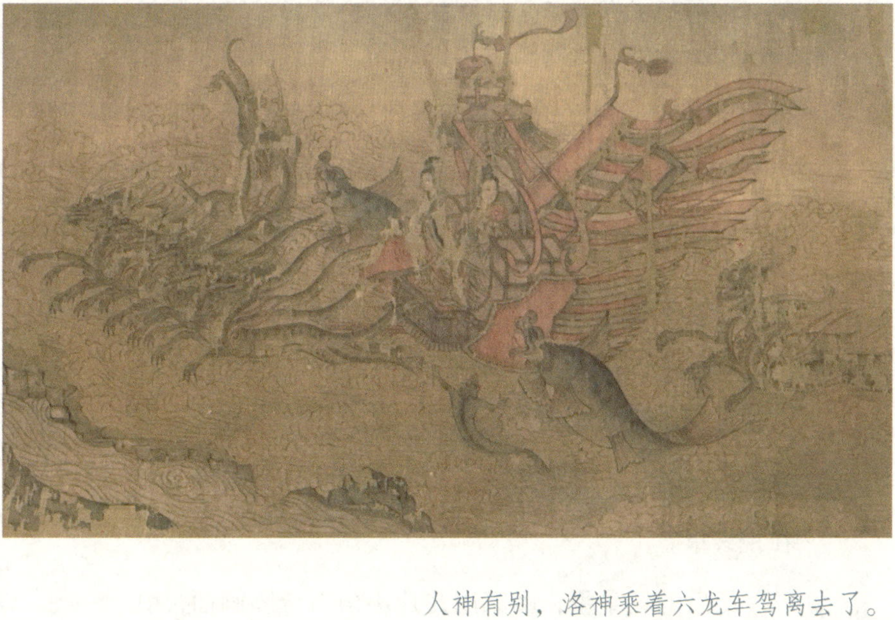

人神有别，洛神乘着六龙车驾离去了。

道原文的内容，只看画就已经能够把故事看得明白。

画卷起首是曹植和他的随从在洛水边偶遇洛神的情景。那个头戴高冠的便是男主人公；而那悬立于半空中，云髻高耸、衣袂飘举、凌波微步、顾盼流光的正是仙气十足的女主人公。

故事的开篇充满两人初见的喜悦，氛围欢快轻松，所以河边、水上出现了不少神仙的形象，共同见证着神与人的爱恋，烘托出热闹甜美的气息。

画面利用植物进行情景转换，一丛树便是一次转场。接下来便是神与人分离的场景，整体氛围即刻变得沉重起来。曹植站在水边与洛神含泪告别，洛神带着强烈的不舍频频回望，却无奈鱼龙云车已至，她只得登车而去。仔细看，她的眼睛是下垂的，神情落寞。

接下来洛神乘车离去的场景是画面格外隆重辉煌的部分。水中的神兽座驾铺排尤其盛大，风起云涌间，纤瘦的洛神被衬托得格外无助、楚楚可怜。她的头一直向后转着，直到恋人的身影越来越模糊，最后消失在视线里。

最后的场景里，画家用几片小山石分隔画面，引

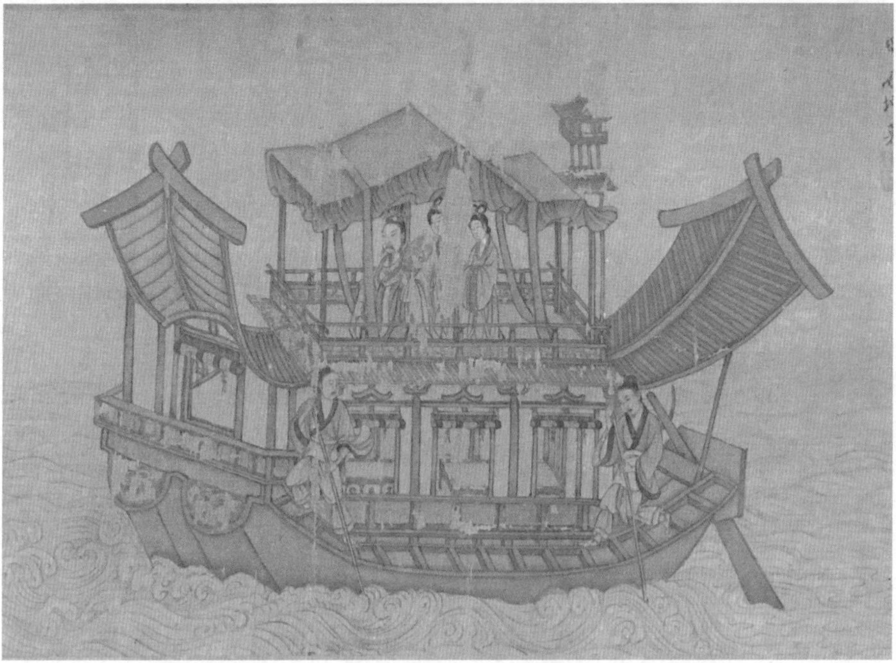

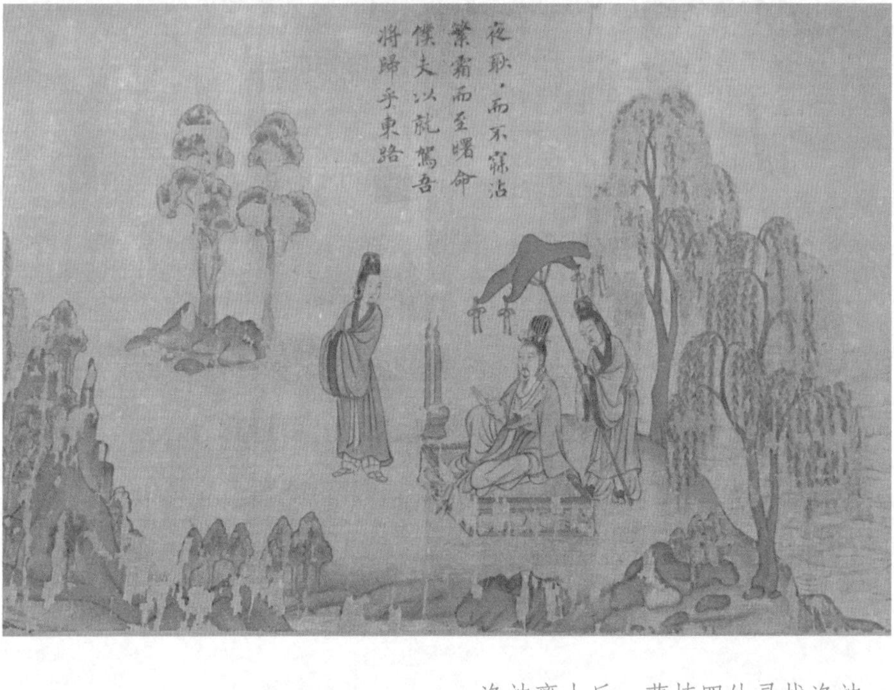
夜耿、而不寐沾
繁霜而至曙命
僕夫以就駕吾
將歸乎東路

洛神离去后，曹植四处寻找洛神。

出了曹植的哀愁。他不甘就此与女神永别，便乘舟四处寻觅。曹植的船格外华美，与洛神的座驾形成呼应。可惜洛神不再，只留下他独自神伤，在河中岸边流连许久后，无奈的他只能黯然回到自己的封地。

画面中人物的神情和动作都是淡然而克制的，但顾恺之仍然只通过简单的几笔，便已在顾盼之间表现出恋人之间爱而不得的无限怅惘了。

画面因为要突出人物故事，所以作为场景的树石都画得很程式化，比例也不真实。有人认为这是早期绘画不成熟的表现，诟之为“人大于山，水不容泛”，但其实这种古雅的画法却是深有意趣。

在我们的绘画传统中，为了突出人物会有意改变人和自然环境的比例关系，画面上的主要人物形象也会比次要人物画得高大突出。这种表现方式在早期西方艺术作品中也很普遍。这种绘画方式符合的是艺术的逻辑，不会有人真的认为这些人物是比山还高大的巨人，经过这样处理的人物和故事，其实要比遵守真实的比例显得有力度得多。

后来我们的山水画越来越成熟，越来越符合真实，人物画却大为衰落，再也不曾产生这样精妙感人的作品了。

想要一睹《洛神赋图》的风采不算太难，因为版本多，收藏的博物馆也多。不过在所有版本中，只有辽宁省博物馆的这一件上题有《洛神赋》的原文，生怕观众看不懂画面对应的原文内容似的。这件《洛神赋图》是宋代的摹本。

顾恺之的原作上大概是不会有这些文字的，因为

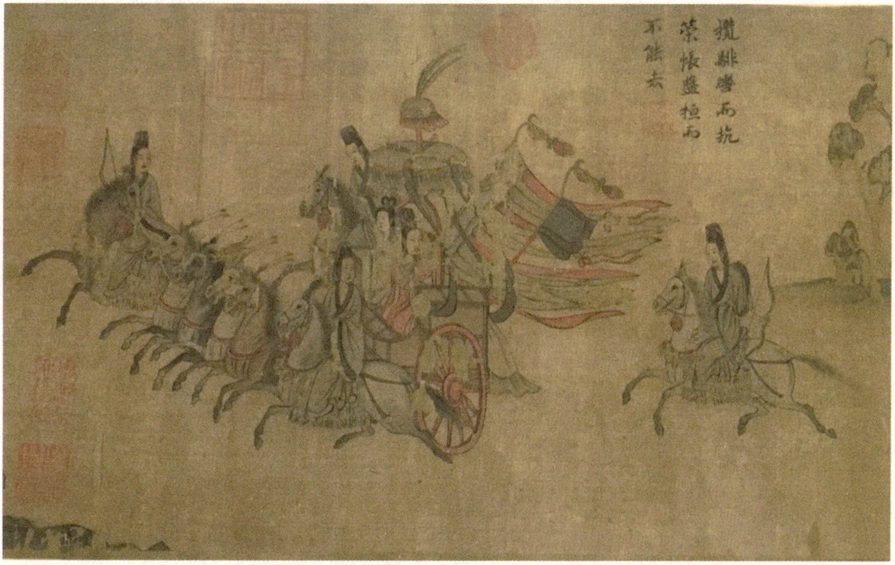

曹植寻不见洛神的踪迹，只好依依不舍地黯然离去。

当时流行的正是曹植这种辞藻绚烂、文风绮丽的作品。作为曹植的代表作，《洛神赋》在士族文人当中流传甚广，大家耳熟能详，根本用不着通过标明文字来提醒观众画面是对应的哪一段场景。

只有到了后世，曹植的热度过去之后，大家对《洛神赋》不再那么熟悉了，至少画家本人对《洛神赋》不那么熟悉了，才需要特别加上文字，像是反过来要为图做注了。

十六国

铜鎏金木芯马镫

改变历史进程的小物件

如果你是古代的将军元帅，想要迅速提高军队的战斗力，你会大力发展哪一个兵种？

我相信见识卓绝的你，一定会大力发展骑兵。因为在冷兵器时代，来去如风、锐不可当的铁骑相对于普通步兵来说，简直就是天降神兵，用现在的话说，就是可以对步兵实行“降维打击”。所以在我们的历史上，但凡战斗力强的朝代，都极其重视发展骑兵，甚至不惜成本去寻找、饲养良马，因此也留下了许多以马为造型的文物。

比如著名的秦始皇兵马俑、汉代的铜奔马、霍去病墓的石马、唐代的昭陵六骏，等等，都是表现马的形象的杰出代表。

不过，你有没有想过，想要驾驭这样的高头战马，并且还要骑在马背上活动自如、冲锋却敌，难度该有多大啊！

且先不说打仗，要想在急驰的马背上稳稳地坐着不掉下来都需要相当的功夫，更何况战场上还会受到各种冲撞，一不小心很容易翻身落马，成为俘虏。

所以，在历史上，早年的骑兵虽然威猛，但其实也相当脆弱。想要在马背上发挥超群的战斗力，就必须有一件重要的马具来协助。

嗯，你一定会想到用马鞍吧？

是的，马鞍的确很重要，而且它很早就出现了。秦始皇兵马俑二号坑的陶马身上就清晰地显示出马鞍的身影。不过当时的马鞍比较矮，称为低鞍；到了西汉才有了现在的“高鞍”，那时的贵族们已经开始对马鞍进行隆重的装饰了。

这下子，骑马的人可以稳稳地坐下来了。

不过骑马打仗，光有马鞍战斗力还是上不去，因为骑手的双腿无处安放，稍稍一扭身人仍然有摔下来的危险。所以骑手必须双腿紧紧夹住马腹，这无疑极其辛苦；为了控制马匹，手还必须握紧缰绳，若想要灵活作战、左右开弓，显然还需要别的东西把人固定住。

终于，战士们迎来了真正改变命运的利器——马镫。

马镫安装在马鞍上，有了马镫，骑手的双腿就有了着力点。这样，加上马鞍，骑手在马背上就有了三个固定点，就做到人马合一了。这下子，骑马时做出高

铜鎏金木芯马镫
十六国时期
辽宁省博物馆

难度动作也不在话下了，于是才可能有“偏坐金鞍调白羽，纷纷射杀五单于”和“少时狂走西复东，银鞍骏马驰如风”这些诗句当中描述的潇洒。并且，唐代时盛行打马球，人在马上翻飞俯仰，没有马镫更是不可想象的。

关于骑马杀敌，陆游的诗句“上马击狂胡，下马草军书”最是豪迈，其实要知道，马镫的发明，其实还要拜“狂胡”所赐。

毕竟是马背上的民族，他们对马具的发明和改良都完全是从实用中生出的智慧。

我们目前能见到的最早的马镫在西晋墓中出土的陶马俑上。不过当时的马镫还是三角形的单镫，只在上下马的时候起到踏脚的作用。而辽宁省博物馆所藏的这一对双马镫，是我们目前能看到的最早的双镫实物，它出土于五胡十六国时北燕权臣冯素弗墓葬中。

北燕是鲜卑化的汉人建立的政权，大致的范围在现在的辽宁西南部和河北的东北部，都城是龙城，也就是今天辽宁省的朝阳市。龙城一直是中原汉族政权与北方胡人政权交锋的要地，汉代大将军卫青便曾在龙城奇袭匈奴，建立战功。后来王昌龄的诗“但使龙城飞将在，不教胡马度阴山”，便是用了这个典故。

这对马镫的主人是北燕权臣，所以它也就显得格外尊贵些，内部的木芯是桑木条，外面包钉了一层铜片，使得它更加坚固耐用，铜片外还鎏了金，在战场上也一定是闪闪发光的焦点了。

双镫的发明大大提升了骑兵作战能力，所以很快就传播开去，连新疆出土的陪葬品上，也看到了它们的身影。

当然，它们去的地方还要更远，北方的匈奴人在西迁之时，又把它们带入了欧洲。在当时的欧洲，骑马并不是一件安全的活动，骑手经常会在战斗中摔下马来，所以罗马人的军队主要以步兵为主，正因为马镫的传入，骑兵渐渐取代了步兵，成为了欧洲战争中的主要兵种。

还有人说“马镫使中世纪穿戴沉重的铠甲的封建骑士得以产生”，更是将马镫的作用提到了影响历史进程的位置。

真想不到对历史产生如此重大影响的，竟然是这么

彩绘木马
十六国时期
新疆维吾尔自治区博物馆

可以清晰地看到双镫，可见这件“神器”一问世，就迅速流传开了。

不起眼的小物件。

不过我们反过来想，在马镫还没有被发明出来的汉代，那些英雄统帅跨着战马北击匈奴，封狼居胥，那又是何等勇武又何等难得啊！

唐

古诗四帖

黑白间的线条之美

中国艺术中有一个特别的门类，如果没有学习过或了解过相关的知识，很难看出个所以然，但却被认为是一门顶级的艺术，这就是书法。

书法最早并不是什么艺术形式，而是一门实用的技能。但由于汉字的结构和线条具有特别的美感，慢慢地，人们发现这些文字除了能够用来记述事情以外，它们本身还很“好看”，甚至有些字迹写得难以辨认，但仍然不失欣赏价值，这才有了汉字的艺术——书法。

不同的时代，有不同的书体，也有不同的意趣。即使早年的甲骨文那样稚拙，刻字的人也根本无意识要去把字“写”好，但字里行间却散发出古朴生动的气息；后来刻在青铜器上的金文、碑碣上的石刻，以及铸在钱币上、权量上的文字，模印在瓦当上的文字，也都只是匠人之作，他们并不是所谓的“书法家”，也同样没有刻意追求“书法”的美感，但这些古拙的文字却成为书法史上的珍品。它们可以说是大巧若拙、浑然天成的范本了。

真正欣赏文字之美，并且有意识地把字写好，为此还总结出一套理论心得的，第一位要数秦朝的丞相李斯。

张旭《古诗四帖》
唐
辽宁省博物馆

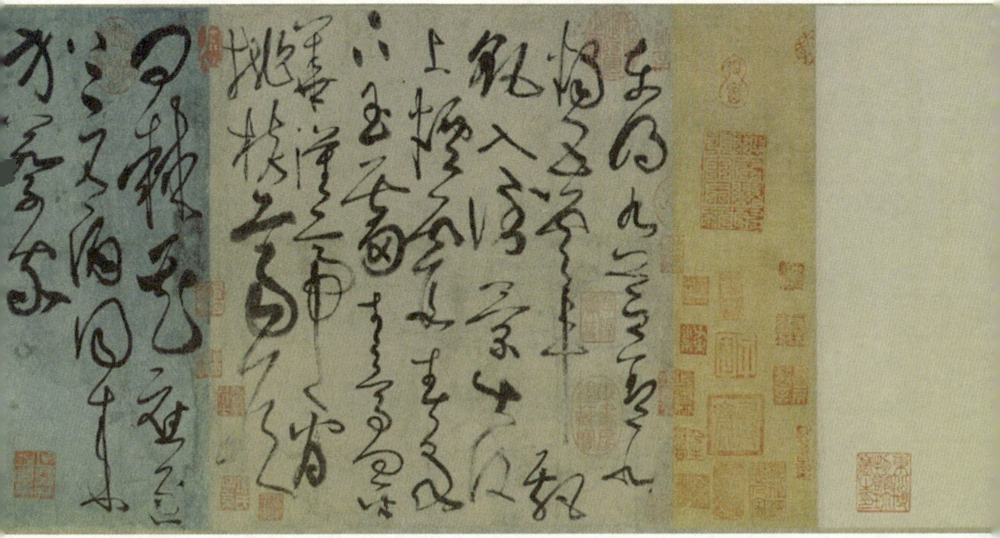

此后，书法，才成为一件“有意识”的事。

到了汉代，越来越多的人开始追求文字书写当中的美感，由此产生了许多书法大家。篆、隶、草、楷各种字体的完备，也正在这个时代。

到了魏晋时期，书法迎来了一次新的发展，人们把它当作一种高级的艺术形式去欣赏、追求、创造，许多人开始在书法中张扬个性，呈现性情。

这也可以说是历史的必然。

在东晋这个特殊的时代，北方少数民族入主中原引发了频繁的战争，统治者内部的权谋和利益的倾轧也极为险恶。在这个动荡的时代，人的生命显得格外脆弱不安，人们的理想不像往日一般追求功业，他们只想在有限的、短暂的生命里绽放出华彩，于是举止、言谈、才思，甚至容貌都成为这个时代里品评一个人的标准。所以，这个时代对美的追求是极为热切的，书法这种纯粹的艺术，也就成为人们悉心钻营、刻苦追求的东西了。

人们追求线条的俯仰自得、俊逸潇洒，这不单单是书法的意韵，更是一种生命的美感。所以在东晋产生了被世人誉为“书圣”的王羲之，实在是顺理成章的事。

也是从这时开始，人们把字和人关联起来，认为从一个人的书法当中，可以看出书写者的性情、品格和他的人生，也就是所谓字如其人。人们在欣赏一篇书法时，甚至不需要了解其中所写的内容是悲是喜甚至是优是劣，只需凭着最简单的墨色和最纯粹的线条，便可以体察出一个人的灵魂乃至宇宙万物的灵气。

还有什么艺术比书法更纯粹、更自由、更高级?

讲到这里，马上就要轮到我们这篇书法的创作者张旭出场了。

前面略略梳理了一下书法的发展过程，有了这些铺垫，就能理解为什么会产生张旭这样神采飞扬的草书作品了。

《古诗四帖》是被誉为“草圣”的唐代书法家张旭唯一传世的手迹。

书帖的内容是张旭抄录的魏晋时期的四首诗，由于他写的是狂草，所以我几乎一个字都辨认不出来。当然，我们面对着这张帖，也根本无心顾及诗句的内容是什么，只觉得自己像是被卷进了一个风雷云动的旋涡，翻腾流动、上天入地，却不知身在何处。

诗是写在有颜色的纸上的，这是唐代流行的五色笺，在当时便已经相当名贵了，恰好用来配张旭的字。

看这套书帖的字迹笔画，我们也来试着感受一下张旭在创作时的情绪和心理状态。起首的几个字形态稳定，想来书法家在开笔时呼吸均匀，落笔安稳，似乎还没有完全进入到物我两忘的状态。等到他写了几行之后，笔画便跌宕起伏，“如神虬腾霄，夏云出岫，逸势奇状，莫可穷测”（米芾语）。这时，我们也能感受到书法家越来越兴奋的情绪，他书写的动作越来越大，呼吸越来越急，字也越来越“潦草”。再到后来，字迹已经完全幻化为一股真气，奔突激荡，天地也被他收摄到了笔端。想来这时候的张旭，已是挥汗如雨以至于浑然忘我了。

待他写完最后一个字，他或许便会把大笔一抛，四仰八叉地躺倒下来，气喘吁吁好一会儿，才能回过神来看自己留下的墨痕。

他写这一帖字，就像是打了一场格外惊心动魄的仗，他不是和别人打，而是和自己打，和自然打。不过，每一场他都赢得漂亮。从这战场留下的“痕迹”上，我们可以推想这一场不见硝烟的战斗是何等惊心动魄了。

前面我们提到字如其人，现在看到这样的字，用不着我多解释，你大概能猜到张旭是个什么样的人了吧？

张旭生活在唐代开元、天宝年间，也就是盛唐时期，他的草书与李白的诗歌、裴旻的剑舞并称为“三绝”。张旭还与李白、贺知章等人交好，经常一起喝酒，被当时的人称为“饮中八仙”。只从这“绝”“仙”的赞誉当中，我们就足以想见他是个何等任情不羁、豪放落拓的神仙中人。

这样的人在写字的时候也不同于常人。

书史记载，张旭要写字的时候，常常会先饮酒，直到饮得大醉之后呼号疾走，几近癫狂，随后才挥毫落墨，忘情之处甚至以头发蘸墨书写，难怪时人会送他“张颠”的雅号了。

这样天纵奇才的人仿佛天外飞仙，似乎不属于尘世，而他的作品也都像是神来之笔，得来全不费功夫。但事实上，他是真正在尘世里脚踏实地的人。在他落笔惊风雨的高超技艺背后，是多年的小心探求与苦心孤诣。

写黑一池的水，磨秃一堆的笔才算是练到入门功夫，他看到公孙大娘舞西河剑器，看到公主与担夫争道，看到舟子划桨，也都冥思苦想将之吸纳创造。直至后来，张旭将自己能见到的一切——“山水崖谷、鸟兽虫鱼、草木之花实、日月列星、风雨水火、雷霆霹雳、歌舞战斗、天地事物之变”——都用心揣摩化为笔势，方才如此出其不意又神妙莫测。

书法，在他的血液里流淌，或者就是他的血液本身。

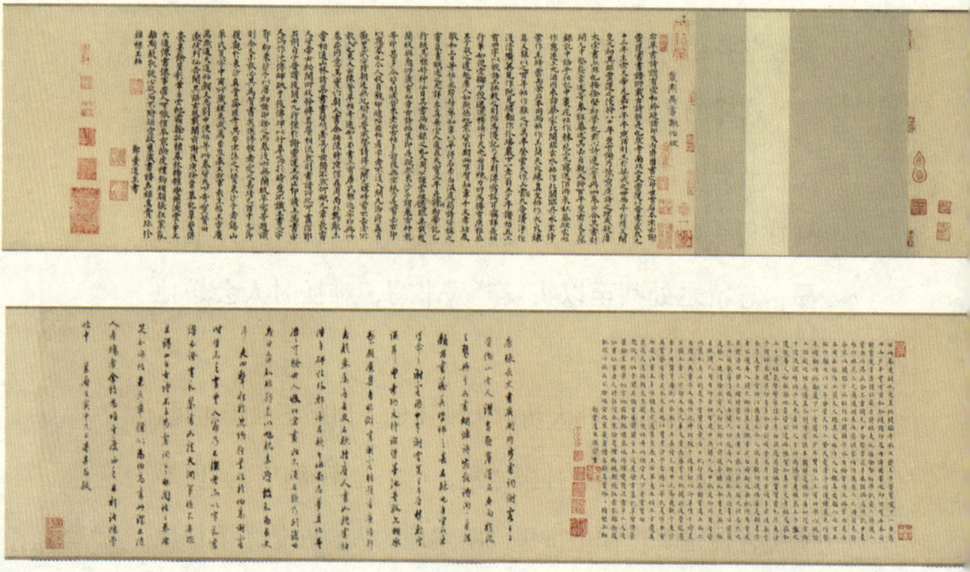

《古诗四帖》拖尾上明代书法家、收藏家丰坊和董其昌的题跋。

唐

虢国夫人游春图

猜猜谁是虢国夫人

三月三日天气新，长安水边多丽人。

态浓意远淑且真，肌理细腻骨肉匀。

绣罗衣裳照暮春，蹙金孔雀银麒麟。

……

这是杜甫的诗歌名篇《丽人行》中的句子，写的是备受唐玄宗宠幸的杨氏兄妹在天宝年间盛装出游的宏大场面。

诗人文采飞扬，写尽了丽人出行的妖娆秾艳。但画家似乎仍然觉得不够直观，于是还要画出一幅《虢国夫人游春图》，像是在和诗歌一唱一和了。

《虢国夫人游春图》是唐代著名仕女画家张萱的代表作，张萱活跃于唐玄宗的开元、天宝年间，和杜甫同时代，所以他或许也亲见过这样的场面，于是画起来也就更加真切了。

虢国夫人是杨贵妃的三姐，因为杨贵妃得宠，所以她的三个姐姐都被封为“国夫人”，这是唐代命妇的一级封号；杨贵妃的堂兄杨国忠更是当上了宰相。白居易在《长恨歌》中所说的“姊妹弟兄皆列土，可怜光彩生门户”，正是形容当时杨家权势的鼎盛。

这种权倾朝野的新贵行事作风自然不低调，一行人等但凡出行，便会宝马雕车，人声鼎沸。据说由于出行队伍的装饰太过华丽盛大，一路走过去，沿途都会遗失数不清的金银珠玉，香风十里不散。

绘画毕竟不是照相，可以把一切细节都悉数收录在镜头里，画家当然也无意像后来清代的《康熙南巡图》那样进行大场面的实录，所以画家的高明之处正在于取舍得当，他只撷取了这几人几马，连背景都略去了，却让人一眼便感受到权贵出行的隆重显赫来。

你看，他们都在马背上坐得端端正正、目不斜视，即便略有交流，眼神明显也只放在“自己人”身上，丝毫不理会周遭的围观群众，这是何等高高在上、目空一切的人才会有如此倨傲的神色啊！

且再看他们的佩饰细节，这些贵族自己绮罗珠履自不必说，连马鞍都是披锦列绣，豪奢至极了。

因为没有太多的故事情节可说，这幅画确实一点也不难懂，用不着多费口舌分析解释，我们只需专心欣赏画家笔墨功夫。美人风姿绰约、雍容骄矜，马儿筋

张萱《虢国夫人游春图》
唐
辽宁省博物馆

骨匀停、雄壮沉着，画面的色彩端凝典丽，节奏不疾不徐、优雅舒展，临到末尾还特意画了回首相望的姿势，更像是一唱三叹余音不绝了。

我们且不去管它是不是和杜甫的诗歌一样暗含讽刺，只看画面上的仕女鞍马，展现的全是盛唐的风神和气韵。

不过，出人意料的是这样直白的画面加上明确的题目，却引出一个让人争议不断的谜题，至今都尚无定论。

这个谜题正是由这直白的画题引发的。

你有没有想过，既然叫“虢国夫人游春图”，画面上这么多人，到底谁是女一号虢国夫人呢?

其实自二十世纪六十年代开始，就不断有学者提出自己的观点和证据，但谁也说服不了谁，所以也就给我们留下了一些想象的空间。

且来一条条找线索吧。

古代美术作品无论是绘画还是雕塑都有一个重要特点，就是重要人物必定居于重要位置，而且一般来说形象也会更高大一些，这也是大多数学者判定的根本依据。

重要位置，就是能够让人的目光自然聚焦的位置。在《虢国夫人游春图》的人物中，我们可以看到有两个形象比较符合这样的条件。

画面上的形象被分为两组，一组是走在前面的三个形象，最前面那位显然最重要，他不仅一马当先，而且整个形象不论是人还是马，都没有丝毫被遮挡，显然这是画家很想让观众看得清清楚楚的形象。

后面一组是五马六人，最重要的那个位置显然是两马并行的那一排贵妇中离我们更近的那位，就是穿红裙灰衣的那位。除了她以外，其他人的马或者人都或多或少被遮挡了一部分。

按理说，谁是虢国夫人应该一目了然。

画家把最重要的位置给了这一男一女，女性便是虢国夫人，而那位骑马在队伍最前的男性，便是当时任宰相的杨国忠，他正是春风得意马蹄疾啊！

这也是目前比较流行的一种说法，因为看起来顺理成章，毋庸置疑。

清宫藏寶

不过，有的学者有话要说了。

因为画面上还有许多细节，与我们上面的说法相矛盾。

我们再来看其他能够烘托身份的“道具”。最大最显眼的，当然是马匹。

从画面上看，有四匹马与众不同，这四匹马的颈下都系有硕大的红缨，古称“踢胸”。有“踢胸”的马自然比没有的更尊贵，相应骑马者的地位也就更高。而在这四匹马中，又有两匹格外尊贵，这便是第一匹马以及抱孩子的妇人所乘的那一匹，它们的尊贵体现在鬃毛的样式上。

这两匹马儿的鬃毛都被修成了三丛，这便是唐代著名的“三花马”，也是唐代从边地所征得的珍贵良马，唐三彩和昭陵六骏石雕中都有这样的三花马形象。

所以，如果我们从马儿的身价来推断，虢国夫人应该是抱孩子的女性吧！从位置来看，她居于后面一组人的中间，前有开道侧有随从，地位也确实显得很高。而且，后面一男一女的目光也都集中在她的身上。

种种迹象表明，这位女子才是虢国夫人！

不过，学者们很快从她的形象上找出了“破绽”。

她的形象和打扮看起来年纪较大，这与虢国夫人年轻貌美的传闻大不相符。也许只从相貌上看得不够清楚，但她的发髻却很能说明问题。她梳的这种发式名为百合髻，是唐代中老年贵妇流行的发式。她前面两位女性则都梳的是堕马髻，这才是年轻的贵妇常见的发式。

于是又有观点认为这位老妇人之所以显得这样尊贵，其实是沾了她怀中小孩的光，而那个小女孩，才是真正的虢国夫人。

这种说法还进一步解释，之所以叫《虢国夫人游春图》，其实不过是虚晃一笔，随便编个名字应付一下的，毕竟画不是照片，它没有实录的义务。

不过，这种观点还是缺乏言之凿凿的说服力，大家也就存它作为一家之言，自然不肯信服。

这么找了一大圈，难道画题真的只是“逗你玩”，画面上并没有出现虢国夫人吗？

不，不，不，画面上还有这么多人物形象呢，我们还有的是机会。

我们再来理一理线索吧。候选人必定出自这九个人，我们上面已经排除了四个——两个并排居中的贵妇，一个最后一排中间的老妇和怀中的孩子。

现在，还剩下五个人。

让我们再仔细看一遍这五个人。

两名红衣少女和两名白衣男子是随从的打扮，无论是他们的服饰还是骑的马匹都明显要低等一些，所以可以再排除四人。现在，只剩下一个人了。

嗯，是时候祭出福尔摩斯的名言了：首先要把一切不可能的结论都排除，那其余的，不管多么离奇，难以置信，也必然是无可辩驳的事实。

是他，就是他！就是画面中一马当先的那个男子！

他的位置是最尊贵的，马匹也是最尊贵的，这是很清晰的双重标志，画家在告诉我们他才是画面中最尊贵的人啊！

难道，虢国夫人是个男子？

当然不是，虢国夫人并不是个男子，唯一的答案只有一个——她穿着男装！

让我们再仔细看看这位吧！

唐代贵族女子穿男装已是一种时尚，虢国夫人对男装的热衷在史料中也多有记载。这位虢国夫人很有些与众不同的时尚见解，所以她的打扮显得别出心裁、格外出挑。

有诗为证：“虢国夫人承主恩，平明骑马入宫门。

却嫌脂粉污颜色，淡扫蛾眉朝至尊。”

看出来了吧，这位虢国夫人见皇帝时，不仅不化浓妆，而且还骑马入宫，多么英气勃勃，多么与众不同！要知道唐玄宗此时已年近六旬，看惯了六宫粉黛的千娇百媚，虢国夫人身着俊朗的男装也就显得格外有吸引力。

画面中还有些细节也可以作为佐证。她的虾青色袍服前胸，有描金的鸾凤团花，马鞍上有一只白虎形象，马鞍下的垫子上还绣有两只鸾鸟，这些装饰远比其他人的配饰要精细华贵得多。

还有她的马，毛色上有旋花，妥妥的是“五花散作云满身”的宝马。其他人的马上都没有这样的花纹。

唯有这样奇特的设定，才充分显现了虢国夫人的与众不同，作为画面的主人公和画题所在，才更有说服力！

而且，这样的设计，也更加显得画家不仅技艺超群，而且构思精巧。

所以这个说法大家都比较认可。

不得不说，透过这幅画，倒是依稀可以明白这几位杨氏姐妹为何能够如此获得殊宠，以至于对大唐的江山产生如此颠覆性的影响了。

这幅作品右侧还有一列字，写着“天水摹张萱虢国夫人游春图”。这是金章宗题的字，可见这并非张萱本人的手笔，而是后代临摹的版本。

要说起来，这位画家“天水”也真让人吃惊，因为他正是那个亡国惨死的宋徽宗！不过，也有考证表明此作并不是徽宗所画，只是藏于宋徽宗的内府，让金章宗误会了。

不过，产生这种误会也情有可原，即便没有摹这件作品，宋徽宗也确实是沉溺于他的书画当中不能自拔。金兵就要兵临城下，宋徽宗万万想不到自己在那不久之后的惨状；正如虢国夫人志得意满地游春之时，也绝对想不到渔阳鼙鼓即将动地来，惊破盛唐的霓裳羽衣曲。

朝代交替，画作流转。宋徽宗的内府收藏被金章宗收入囊中，后随着金国被灭，此作又几经流转，前后被明清时期几位重要藏家收藏，最后被乾隆皇帝网罗到了紫禁城。

它在紫禁城安稳地待了百余年后，末代皇帝溥仪退位搬出紫禁城，便将此画盗运了出来。

后来，此画一直被溥仪带在身边。1945 年，溥仪随身携带它，希望经沈阳逃亡日本，不料飞机被苏联红军扣押，此作因此同其他一大批珍贵的画作一起缴获，保存到银行。这批画中还有《清明上河图》。

1948 年，这批书画被拨归东北文物管理委员会，后来转交给新中国建立的第一家博物馆东北博物馆，也就是辽宁省博物馆的前身，这也正是为何这幅清宫旧藏会离宫而去远在东北的原因。

唐

簪花仕女图

大唐盛世里真正的女神范儿

《簪花仕女图》是唐代著名仕女画家周昉的作品，也是可以认定的唐人仕女画真迹，所以我们可以透过它来了解生活在唐朝的贵族女性。

画面上除了正在摇扇子的是侍女以外，其他五位都是所谓的仕女。

她们的妆容比较相似，每一位的额头都光洁饱满，两条浓而短粗的眉毛被画得像飞蛾的羽翼，这就是传说中的“螓首蛾眉”。

眉心正中还有花钿一点，这是用极薄的金箔剪成花朵的样子贴上去的，倒也与她们的樱桃小口相映成趣。

在古代绘画中，女子的眉眼总是微微地弯着，于是即使面无表情，也像是巧笑倩兮了。

或许还嫌妆容可发挥的余地不大，因此发饰就成了仕女们发挥想象力的天地。

浓密的青丝都被绾成发髻高耸在头顶，这是当时贵族妇女中最流行的样式——云髻和博髻。有了如云的青丝，也就有了繁花宝钿的用武之地。

这些仕女戴满头的海棠、牡丹、芍药、荷花、绣球等鲜花不过是图个应时应景的新鲜劲儿，真正华贵的

周昉《簪花仕女图》
唐
辽宁省博物馆

却是那些坠在前额上的金步摇，会随着她们娉婷的步态妩媚招摇。

“云鬓花颜金步摇”，白居易用七个字就说尽了仕女们动人的姿态。

画家还要为这画面再添一抹春光，于是在最左侧，画了一树绽放的辛夷花。辛夷花就是紫玉兰。

倒是有不少学者诟病画中的多种鲜花不讲究，因为在大自然中，它们并不会在同一个季节开放。其实，画家所在意的是以花喻人，展现女子灿如春华的美，完全无意于做一番植物学方面的研究。

仕女们的衣着比她们的妆容和发饰更繁复奢华。贴

身的都是一袭华美的诃子（类似于今天的裹胸），色调和材质各不相同，是绸是缎是绮是罗，还是绫、绢、纱，我们很难分得清楚。在这一层裹胸之外，还罩着一层薄纱衫，透明轻盈的质地实在逼真，仿佛我们靠得近些，鼻子里呼出的气都会将它们吹动。

这幅画中有一个让人十分容易忽视的地方，但画家在那里还藏着令人惊艳的一笔。仔细看那位形体被画得最小的仕女，就是披着朱红的纱衫、颈间挂着大大的项圈的那位，你看她的身后，有一抹透明的绿色，从后背一直垂到脚边。

没有人能想到，大红大绿能够以这样的方式相遇，不仅相安无事，而且相得益彰。

这淡淡的一抹绿，成了画面上的神来之笔。一旦你的眼睛发现了它，便再也挪不开了。

说起来，还得拜古人作画时使用的天然矿物颜料所赐。这些矿物颜料性质稳定，所以历经千余年的时光，颜色还那样新鲜动人、熠熠生光。

人们对这样一幅作品抱有特殊的喜爱，并不仅仅因

为它技法高妙，这其中，也有“爱美之心”使然。

你看，这样的肤若凝脂，这样的绰约多姿，这样的雍容华美，真让我们打心底里惊艳，愿意一看再看。还有这些仕女一丝恹恹的倦懒，一点淡淡的闲愁，又柔媚又温软。

这是我心中真正大唐女神的风度，也是我心中女子该有的美好。

唐三彩釉陶骆驼载乐俑

风从胡地吹来

人口数量通常是判断一个地区繁荣程度的重要指标，在古代尤其如此。

为了描绘盛唐的繁华，唐代的诗人们也很乐于用人口来说明，比如杜甫写过“忆昔开元全盛日，小邑犹藏万家室”，小邑尚且如此，大都市长安就更了不得，岑参就这样描述过“长安城中百万家”。

除去诗人浪漫夸张的成分，据现在学者的研究，当年的长安城中有百万人口还是比较可信的数据。要知道，八世纪时的欧洲几乎没什么像样的城市；一个世纪以后，欧洲城市开始兴起，像伦敦、巴黎、威尼斯这样在当时声名远扬的城市，人口也不过万人。

长安城无疑是当时世界上最大的超级城市，也是最繁荣、最包容的寻梦之都。

当年在长安城里寻梦的，除了想要“一朝成名天下知”的中国士子，还有大量来自不同国家和地区的外国人。在城里的有些区域，外国人甚至比中国人还要多，所以当时还有人生出“身在长安，疑在异域”的“抱怨”。

长安城里的外邦人来源大致有几个，一部分是来自东方的朝鲜半岛和日本的留学生，其中尤以日本的遣唐使最为著名，他们是留学生中的主力军。日本十分崇尚大唐文化，力求“把中国搬到日本”。所以当年的日本京都几乎是尽可能地照搬了长安，如今依然保存着浓郁的唐风。

另一部分则是数量更多、身份更复杂的“胡人”。胡人是汉族对北部和西部少数民族与外国人的笼统称谓，包括数量庞大的波斯人，也就是现在伊朗一带的人，还有粟特人、突厥人、回鹘人等其他民族。

胡人来长安的主要目的是经商，其中也有一些是落难的贵族、奉命的使节以及传教求法的僧侣，当然还有些献艺求名的艺人。

由于大唐的包容气度，这些外国人在长安不仅能各安其身，而且来自胡地的许多风俗也被唐人接纳甚至追捧，一时之间竟然形成了风尚，在音乐、服装、饮食方面的表现尤为明显。而这些高鼻深目的胡人也成为艺术表现的对象，当年长安城里弥漫的异国风情就这样被保存到了壁画、陶俑、金银器、铜镜等器物里。

三彩釉陶骆驼载乐俑
唐
中国国家博物馆

其中，三彩俑算是异域风情大集合，尤其是著名的骆驼载乐俑。

骆驼是西域一带最重要的交通工具，它的极限负重量大约是250公斤，所以要承受几名成年人在驼背上表演应该并不轻松。

不过，在目前出土的所有骆驼载乐俑的形象中，骆驼的脖子总是高昂着，似乎在说驮起这几名乐师不在话下，看它的神态，更像是在与音乐呼应唱和。

这些乐师戴着高高的软帽子、高鼻深目、满脸络腮胡子，这是我们的艺术作品中最典型的胡人形象。他们手中所执的乐器各不相同，这些乐器只有琵琶保留得比较完整，其他的已经消失在历史的长河中，据考证应该还有筚篥（bì lì）、鼓等乐器，均是来自胡地的乐器。

胡乐在大唐是受到官方认证的音乐。据唐书记载，唐代有十部乐：燕乐、清乐、西凉乐、天竺乐、高丽乐、龟兹乐、安国乐、疏勒乐、康国乐、高昌乐，其中胡地的音乐所占的比重很大。唐太宗当年创制的“秦王破阵舞”当中便有龟兹（qīu cí）之乐；到了酷爱音乐又精通乐理的玄宗时期，最流行的“霓裳羽衣曲”中更是杂糅了西域乐舞的元素。

胡地传来的除了乐器，还有舞蹈。胡地的舞蹈并不是女子的专利，能歌善舞似乎是他们与生俱来的本事，所以在出土的舞俑中能找到许多男子舞蹈的形象。

当时最流行的是胡旋舞和胡腾舞，分别以旋转和跳腾为特点，这座三彩釉陶骆驼载乐俑中间站立的那位

鎏金铜胡腾舞俑
唐
甘肃山丹县艾黎捐赠文物陈列馆

男子，看上去也正在作胡腾舞。

当年不少艺人因乐舞而得享声名富贵，其中最极端的例子就是胡人安禄山。他因为一支出色的胡旋舞取悦了唐玄宗和杨贵妃，竟然成为手握重兵、制辖一方的朝廷宠臣，最终致使大唐遭遇重创。

“胡音胡骑与胡妆，五十年来竞纷泊。”看来，唐人已经很难从生活里戒除胡风了。

演奏陶俑
唐
中国国家博物馆

他们所拿的乐器有竖箜篌、拍板、横笛、排箫、琵琶、笙等。

在陕西历史博物馆还有另外一件骆驼载乐俑，上面的乐师多达七位，他们手中的乐器有琵琶、竖琴、笛子、拍板等等。想不到吧，这些早已成为我们传统民乐中的重要乐器，其实都来自西域。

除了胡乐，连胡装也风靡一时。

胡装的主要特点是袖口紧窄，配以竖条纹裤子和尖头靴，这样更便于骑马，尤其是便于打马球。马球这项胡地传来的运动是当年长安城里贵族们最热衷的运动，连皇帝都喜欢亲自下场驰骋一番。

唐代女性的行动范围扩大，为了防风沙，她们在外出时通常会戴上一种宽檐帽子，帽檐上垂着一圈纱幔，这也是胡地的样式。包括我们在唐代仕女画中常见的低胸装扮，其实也都来自西域。

对了，我们现代服装当中常见的大翻领，最早也是从胡地传来的。

没有美食的长安城，一定是不完整的。所以，胡食在此间也成为长安酒肆最受欢迎的招牌菜。

人气榜单上排名第一的食品，是葡萄酒。葡萄自汉代张骞出使西域丝路贯通时便已传到中土；到了唐代，葡萄酒开始盛行，葡萄美酒夜光杯、葡萄美酒郁金香，美食美器，以及美人，那便是青春娇媚的“胡姬”。“胡姬貌如花，当垆笑春风。”“落花踏尽游何处？笑入胡姬酒肆中。”当年的长安，何等让人快意。

另外，唐朝人喜欢吃甜食，当时的人们从西域引进了一样特别的工艺，那就是利用甘蔗的汁液制造砂糖。想来这项甜蜜的技术也为当时人们的生活增添了一抹甜吧。

三彩陶釉龙首杯
唐
陕西历史博物馆

辽

高翅鎏金錾花银冠

大辽国的金枝玉叶

辽代在我们的历史当中其实是有些尴尬的。

作为北宋的劲敌，辽国虎视中原多年，取得了相当“丰硕的战果”。不承想，耶律家族到底还是不敌完颜家族，大辽随后就被黄雀在后的金灭了国，辽国图谋多时的大宋江山也便成为了泡影。

说起来，无论是北宋还是南宋的灭亡其实都不关辽的事，但由于“杨家将”“水泊梁山”等英雄抗辽的故事流传甚广，所以辽在中原汉族的历史当中，声名也就很糟糕了。

我们的印象里，辽国和绝大多数北方民族一样，凶悍野蛮文化不繁荣，这真是很大的误会。

要说起来，辽的历史比北宋还要早、还要长。辽始建国于公元907年，最早叫契丹。公元947年，辽南下中原占领汴京的时候，北宋都还没建立呢。

辽的疆域也比北宋要大，东到日本海，北至色楞格河一带，现在这里属于蒙古国和俄罗斯，东北到了外兴安岭，最南边到了河北南部，连现在的北京在当时也归属于辽的领地。

辽不仅军事强悍，在文化上也相当厉害，他们有属于自己的文字，被称为契丹文。你看，能够有自己的文字，就绝对不是没有文明的民族，只可惜现在几乎已经没人认得契丹文了。

辽国的文学也很灿烂。辽道宗的第一任皇后萧观音是一位著名的女诗人，末代天祚皇帝的妃子萧瑟瑟也很会作诗。连女子都如此有文才，辽代文学之盛也可见一斑。

辽代的艺术也同样有过人之处。除了大量极具艺术价值和历史价值的贵族墓室壁画，在汉族传统的卷轴画方面，辽代的艺术家们也有卓越的创造。比如表现契丹贵族射猎之后休息宴饮的《卓歇图》，便是人物故事画中的名作；表现枫林渐染、群鹿呦呦的两幅绢本设色的大轴《秋林群鹿图》和《丹枫呦鹿图》，更是中国美术史上难得的杰作。

在建筑工艺上，辽代也独有创造。中国现存最高、最古老的全木质结构塔——学名佛宫寺释迦塔，俗称应县木塔，也是辽代难得的遗存。

我想，说到这里，称辽代的文学艺术成就斐然也不算是夸大其词。

高翅鎏金錾花银冠
辽
内蒙古博物院

驸马鎏金银冠
辽
内蒙古博物院

因此，也不难理解为什么辽代唯一未受惊扰的贵族墓——陈国公主墓出土的文物，会如此华美精巧、令世人叫绝了。

陈国公主地位显贵非同一般，她的祖父是辽景宗。与她同葬一墓的还有驸马萧绍矩，他的祖父是历经四朝的重臣，还是辽景宗的岳父。算起来，驸马还是公主的舅舅，真是亲上加亲。

这种近亲联姻的情况在当时很常见，目的是保证大权不致旁落。但很可惜，公主在成婚后两年内，便离世而去，时年只有十八岁。她的驸马死时也不过三十五岁。

因为地位尊贵显赫，再加上如此年轻便早早亡故，所以未亡之人便想尽办法，用足了气力来增加二人的哀荣，以求得他们在另一个世界也能尽享富贵。

根据辽代的贵族葬俗，披金戴银是少不了的“装备”。公主和驸马二人脚上都穿着錾花银靴，身披银丝网络葬衣，头枕錾花银枕，还用上了黄金覆面，他们头边还有鎏金银冠，二人身上的佩饰更是珠光宝气，除了黄金，使用最多的便是珍珠和琥珀。

从黄金覆面和银丝网络葬衣来看，辽国大概也是受到汉代的影响，只不过把玉衣玉覆面换成了辽人更喜爱的金银。

这些金银器物上的纹饰多为凤鸟、火焰、云纹等，显现别样的神异色彩，虽然可以看出深受汉文化影响，但仍不失辽国的粗犷壮美。

最具北方民族特点的随葬品自然是马具。公主墓中出土了十八副完整的马具。这些马具制作精美，马络用银打造，再饰以各种小动物形状的玉石圆雕，活泼灵动，很有青春气息。

马鞍体现了这个“马背上的民族”制作马具的最高水准。当然不仅是材质考究以及鎏金錾刻的花鸟纹饰，更因为这种马鞍克服了原先的高桥马鞍上马不便的问题，更加轻便实用，是很有技术含量的物品。

骑马是为了射猎，所以驸马的陪葬物品中还配备了特殊的狩猎用具。他的左臂上戴着玉臂鞲（gōu），这是一种类似护臂的护具，是为了驾鹰用的；腰间则配有刺鹅锥，这是用来刺穿鹰鹘捕到的天鹅头骨，以奖赏给捕猎有功的鹰鹘食用。

想想挺血腥的。

公主腰间的佩饰则是镂花的金荷包和錾花的金针筒，全然是一派女子的温柔贤淑了。

不过，这一切繁华璀璨，显现的都是公主和驸马的显赫，如果后人有心想要为二人附会一点浪漫动人的故事，大概还得从那些小小的玉器上寻找灵感吧。

在公主的陪葬品当中，还有数量众多、形态独特的小型玉佩，有交颈鸳鸯玉佩、交颈鸿雁玉佩、双鱼佩

马项饰
辽
内蒙古博物院

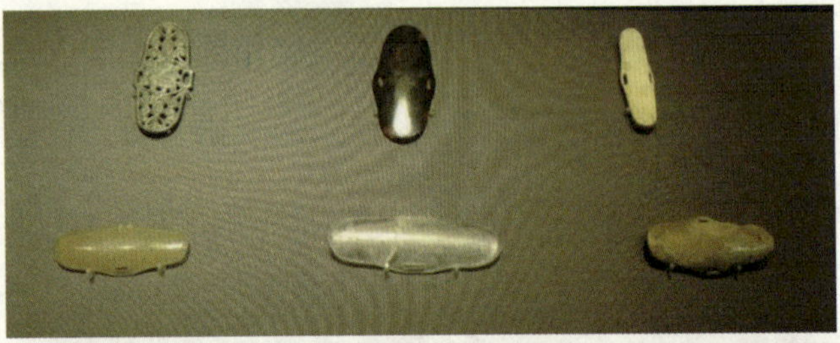

臂鞲
辽
内蒙古博物院

金铸银鞓蹀躞带
辽
内蒙古博物院

等，都是成双成对的形象，可以猜想她与驸马相处的日子虽然很短，但感情一定相当不错。

最后，还想借这篇文章再介绍一位契丹族人，我认为他算得上是最伟大的契丹人，没有之一。

这就是辽国宗室后裔耶律楚材。

他活跃于蒙古帝国时期，此时的辽国早已灭亡。

耶律楚材自幼学习汉籍，精通汉文，文采斐然，他还旁通天文、地理、律历、术数及释老、医卜等等，才华横溢，满腹经纶，更有治国方略，于是得到成吉思汗器重，并随其四处征战，成为蒙元的几代重臣。蒙古建国所赖的律法、礼制、官制、赋税等政策的制定，无一不得到他的匡扶。

当然，他的伟大并不在这里。

耶律楚材在跟随蒙古大军征伐之际，总是以一己之力苦苦劝谏蒙古统治者少事杀戮，尤其在窝阔台攻入汴京之后，他的劝谏使得汴京 147 万生灵得以保全性命。

天地之大德曰生，还有什么比这更值得历史铭记呢？

西夏

绿釉鸱吻

盘踞在屋脊两端的神兽

中国传统建筑以木头作为主要的建筑材料，因此，防火也就成了头等要务。

为了防火，古人不但赋予建筑构件很多美好的祈愿，更设计出很多实用的办法以期达到避火的效果。其中把这两点结合得极具匠心的，就是屋顶正脊两端的构件——鸱（chī）吻。

只听这个名字，是不是已经感到它具有非同一般的神异？在屋脊上安放神兽的传统源自汉代。据说，最早这种兽名为“蚩”，原本是一种鱼形的海兽，能够降水避火，所以这是最合适镇宅防火的神物。

这种海兽因为尾部像是猛禽“鸱”，也就是鹞鹰一类的鸟类，所以它就被称为“鸱尾”了。

它的形态就是鱼形怪兽，口部张得巨大吞下正脊，身体很短，整个身体几乎只能看到尾巴，尾巴高高向上翻卷，有一种腾空的动势。

到了唐代，这种避火神兽的嘴部，也就是“吻部”被设计得越来越夸张，所以大家就普遍把这种兽称为“鸱吻”。

不过，真正够得上级别可以使用鸱吻的建筑并不

绿釉鸱吻
西夏
中国国家博物馆

（樊甲山 / FOTOE）

多，根据宋代人叶梦得的记载，“其制设吻者为殿，无吻者不为殿矣”。也就是说，只有皇帝的居所或者佛道教寺庙里供奉菩萨、神仙的建筑，能被称为“殿”，也才能配得上使用鸱吻，而一般老百姓的房子可没资格用吻兽，虽然他们居住的房屋正脊两端也配有尾端上翘的构件，却只能叫作“尾”。比如，老北京四合院正脊上的就被俗称为“蝎子尾儿”，只听名字就已分出了等级。

宋代以后，鸱开始向龙的形态转变，中国国家博物馆收藏的这只西夏鸱吻的形象就几乎是一只张牙舞爪不可冒犯的龙了。不过它的尾部还是分叉的鱼形尾巴，不像后来就变成了不分叉的龙尾了。

到了明清时期，民间有一种“龙生九子”的说法，其中一子即“螭”，传说它具有龙一样呼风唤雨、翻江倒海的神异，而且“平生好吞”，所以便让它吞了殿脊，成为了“螭吻”，也就是俗称的“龙吻”。

后来，清代官署建筑正脊上的龙吻背上都会插着一把剑，传说是为了把龙钉在脊上免得它飞升而去，但实际上这把剑却具有极为实用的功能。

太和殿的吻兽和脊兽

吻兽的位置极为重要，它处于正脊和垂脊交会的端口，又是宫殿建筑的最高点，所以在雷雨天极易被雷击中。用吻兽吞护着正脊，可以有效地阻挡飞火，更重要的是能够分散雷电的电流，起到避雷针的作用。

另外，由于吻兽“吞食”了正脊两端，也很好地保护了建筑内部的木构免遭雨水侵蚀，更有效地延长了建筑的寿命。

屋脊上的吻兽造型后来被设计得越来越大，插一把剑也起到了很好的固定作用。

古人的建筑设计十分讲究，即使是实用构件，也一定要让它带有浪漫色彩和装饰意味，所以不仅设计了吻兽，后来还根据不同形式的屋脊设计出不同的神兽形象，我们最熟悉的就是各种有趣的檐脊兽。

故宫太和殿是古代级别最高的建筑，所以檐脊兽最多，打头的是仙人骑凤，实际上它最重要的作用是固定，以挡住檐脊上的瓦片不致滑落，实际功能就相当于一根大长钉。

跟在它后面排列得整整齐齐的十个小兽，依次是龙、凤、狮子、海马、天马、狎鱼、狻猊、獬豸、斗牛、行什，大多数都是想象出来的神兽，并赋予了各种吉祥的意义，希望借由它们消灾灭祸、保佑平安。

为了防火和祈福，古代的人们真是拼足了想象力，连古代宫殿内“藻井”的命名，也是出于防火的目的。无论是“藻”还是“井”，这些字的含义都与水有关，当时的人们也是希望通过使用有这种含义的命名帮助压制火。

故宫千秋亭的藻井

金铜坐龙

即便坐着也是一条神龙

我们心目中的龙，能够腾云驾雾、呼风唤雨、来去倏忽、见首不见尾，所以我们关于龙的成语都是神采飞扬的。再看龙的造型，无论是行龙、走龙、飞龙、团龙，无不神气活现、动感十足，我们大概很少会想到龙如果静下来，甚至坐下来时会是什么样子。

不过，我想即使龙坐着甚至睡着了，应该也是霸气十足，让人不敢轻慢的。

所以，当我第一眼看到这尊坐龙的时候，真有点不敢相信自己的眼睛。这是多小的一条龙啊，高不过 20 厘米，完全不是我想象当中那个见首不见尾的庞然大物。

这真是传说中可以呼风唤雨、撼山震海的神龙吗？

待我凑近再看的时候，立刻被震慑了。哪怕它身量再小，但龙就是龙啊！正是这不怒自威的壮阔气势，让我以前看图片的时候总误以为它是一条巨龙。

传说中的龙“能为高，能为下，能为大，能为小，能为幽，能为明，能为短，能为长”，具有不可思议的神通，看来这条龙确实是缩小了身躯的真龙。

它像是刚从云端落下凡间，收住腿脚坐定，左前腿都还没来得及完全收拢，脖子后面的长鬣飘飞，仿佛

铜坐龙

金

黑龙江省博物馆

（尹楠 / FOTOE）

仍有惊风从它的周围掠过。

浓浓的云气被扯成丝丝缕缕的薄烟，裹着地面的尘土在它的身体两侧卷起细小的气旋，向上蒸腾。

一团五彩祥云坚实地支撑着它的左前腿，一直连到后腿上，把龙的身体圈成一条矫健起伏的连贯曲线。将天地运行、四时轮转都包裹进了这浑然的气势里。

这团祥云的角度很妙，它倾斜于地面，像是狂风骤起之间卷积起浓云，神龙此刻虽然还保持着坐姿，但似乎只是暂时休憩，随时准备继续乘云腾空。

这样一条龙，确实是白山黑水之间的神物了。

这尊铜坐龙发现于上京会宁府遗址，也就是现在的哈尔滨市阿城区，这里是金代的第一个都城，也是金代文物密集出土的地方。铜坐龙被发现的地点与金太祖完颜阿骨打的陵墓仅相隔五百米。

这尊铜坐龙正是金代皇室御用的器物，原本是金代早期帝王御辇上的装饰，被安放在车的顶轮之上以彰显皇威。

其实，当时生活在白山黑水之间的女真人最喜爱的动物是海东青，这是一种异常凶悍的猛禽，能够击杀比自己身体大数倍的猎物，是女真人捕猎的重要帮手。在皇帝的车驾上使用龙的形象，显然是受到当时中原汉文化的影响。

根据《宋史》的记载，北宋早在太祖时期就有了同样形制并饰有坐龙的大辇。金人南下之后的许多制度都学习了宋代，其中也包括车舆礼制。

金人一直渴慕中原文化，特别是金熙宗和海宁王完颜亮等，对汉文化甚至称得上精通，所以对龙的崇拜也正是一种表现。

有趣的是，坐龙的造型在汉文化艺术当中却并不多见。唐代史思明墓中出土过一尊铜坐龙，但史思明是北方的突厥人。到了金代，坐龙形象稍多，北京的金中都遗址也出土过一尊铜坐龙，造型很类似。这种特别的坐龙形象也算得上是北方少数民族对汉文化的一次成功吸纳与改良了。

尽管相比其他造型的龙形器物，坐龙的数量很少，但明清时流行的一种神兽的造型却与它意外接近，这就是华表上的犼。

有人说犼是龙的九子之一，难怪！

鎏金铜坐龙
唐
首都博物馆
（杨兴斌 / FOTOE）

犼性喜守望，所以便被立于华表之上。天安门内外分别立有一对华表，因为位置特殊，所以犼的责任也就更加重大——它要密切关注皇帝的行踪。

城楼外面朝南的犼负责守望出巡的皇帝，意在呼唤久出在外的皇帝快快归来，于是被称为“望君归”；而城楼内面朝北的犼则意在敦促皇帝出宫体察民情，所以就被称为“望君出”了。

天安门前华表上的犼

金

文姬归汉图

唱不尽的《胡笳十八拍》

文姬归汉是一个著名的历史故事。

据史书记载，文姬是东汉末年著名学者蔡邕的女儿。蔡文姬是当时著名的才女，既博学多才又精通音律。可惜她生逢汉末乱世，父亲蔡邕被乱政的董卓逼迫做了中郎将，董卓伏诛后，蔡邕因此获罪死于狱中。蔡文姬因为丧夫住在家中，遭此变乱后被胡兵掳至南匈奴左贤王部。文姬在胡地生活了十二年，和左贤王生有两个儿子。

后来，曹操基本统一了北方后，因为怜惜故人蔡邕的女儿，于是派使者以金璧将蔡文姬从匈奴赎回。不过，此时的文姬只能只身归汉，她的两个孩子必须留在匈奴，母子分离让痛彻心扉的她写下《胡笳十八拍》，字字读来皆是血。《胡笳十八拍》也是蔡文姬最著名的作品。

归汉之后，蔡文姬致力于整理父亲蔡邕留下的书籍文章。史书上并没有记载那两个留在胡地的孩子，想来他们与母亲一生是再也无缘相见了。

文姬归汉的故事自元代至现今，历代都有人编成戏剧，用绘画展现的也不少。尤其是遇到汉族与外族关系紧张、民族情绪强烈的时代，文姬归汉的故事便一

张瑀《文姬归汉图》
金
吉林省博物馆

再被人提及。

这幅《文姬归汉图》是金代画家张瑀所绘，他是身在北方的汉人，文姬渴望回归的心情他一定是感同身受。

整幅画略去了背景，只突出人物，但线条飞动之间便勾勒出“大漠风尘日色浑”的苍凉荒芜。一支十二人的行旅队伍在朔风中艰难行进。虽然回归之旅是充满希望和期待的，但因为母子分离，又显得格外悲凉苦楚。

队前一个武士肩扛着绣有圆月的旗帜，这是汉家的旗帜，他应该是汉人的先锋。因为风大沙急，他缩肩弓背顶风在前面引路，老马在他身下低头缓缓而行，旁边还紧随着一匹马驹。

作者画的这两匹马实在是妙笔，一是显现了回归之路漫长难行，母马都在途中生下了马驹；二是用马驹和母马的母子相依反衬出蔡文姬母子离散的人间至苦。

不过到底是回归故土，所以主人公蔡文姬端坐马背，目视前方，端凝的神情中饱含期待，你看她的眉眼，似乎已有淡淡的笑意。狂风扑面而至，但她却仅仅以双手轻扶马鞍，身体岿然不动，当故国迫近，她便一直保持着这样的姿势，收声敛色，正襟危坐。她把昔日在北地的一切艰辛困苦都抛却掉，用最端庄整肃的样子拥抱自己久违的家园。

她等这一刻已经太久太久了，在胡地的她或许只有在梦里才敢期盼此生还能看到南方的风物，当回归的消息传来，她很难相信梦竟然能有成真的一刻。

归途实在是太过艰难，荒漠、朔风、尘沙、暴雪，或者还有饥饿，但这一切算得了什么，蔡文姬毕竟是一路向南，越走越温暖，越走越平坦。

画中蔡文姬的打扮是胡汉交杂的，皮帽长靴是胡装，身上的肩帔、飘带、宽袖子则是汉人的打扮。两种装束也是在暗示她身份的复杂和经历的无奈。

胡汉双方都派了使者跟着文姬前行，头戴巾帻的是汉使，他们是奉命北上迎接文姬的，而头戴毛皮帽子露出头发的是匈奴人。画面上没有戴帽子的胡人地位应该更低。风显然太大了，连这些常年生活在大漠的胡人也都不得不侧身掩面捂住口鼻努力抵挡。

画面中，队伍最后的那个人应该是名胡人武士。他右手上架着猛禽海东青，一条猎犬跟在马侧，这是胡人出猎的必要“装备”。之所以要加上这样一个人，大概为了表明这支护送文姬回归的队伍一边走还需要一边打猎作为补给，更映衬出道路的艰辛漫长。

因为文姬是被赎回来的，匈奴不情不愿，也就根本不可能有多么热闹的“送行”队伍，也不可能为文姬准备充足的给养，可想行旅的条件多么艰苦。

画面上的队伍一共就只有十二人、十马、一犬、一鹰，在无边的大漠中更显得格外萧瑟。

整个画面布局疏密有致，轻重分明，让人一眼就能

宫素然《明妃出塞图》
金
日本大阪市立美术馆

琵琶是辨别王昭君身份的重要“道具”。

明了画面的主题。虽然对大漠的环境未着一笔，但只通过旗角扑动、衣袂飘飞以及人物用力前行的动作，就让人感到整个大漠日色浑浊、风沙汹涌的恶劣环境。

画面最动人的还是那匹依偎在母马身边的马驹，为严寒刺骨的冬日添了些许温情。

有意思的是，在日本大阪市立美术馆还藏有一幅几乎与这件作品一模一样的画。这两幅作品时时被并置在一起研究。据传，日本收藏的那幅是金人宫素然创作的《明妃出塞图》。由于画面太过相似，有学者认为两作有共同的“母本”，也有学者考证《明妃出塞图》是模仿了《文姬归汉图》。

不过，两幅画细看来还是有些区别，尤其是女主

角。《明妃出塞图》中有一位怀抱琵琶，所以被认定为是明妃王昭君的标志。

这两个主题在这样的历史背景之下显得格外有意味。一个是和亲出塞，一个是被赎回汉，对比何等鲜明。虽然两段故事一出一入，但勾连的都是一段女性撕心裂肺的离别之痛，因为国力孱弱，这样身不由己的伤感故事还有很多。

不同时代的历史，却同样让人唏嘘。

与张瑀画这幅《文姬归汉图》创作时代差不多的时候，在那偏安江南的南宋朝廷里还有一位画家陈居中，也画过一幅相同主题的《文姬归汉图》，但构思与此作截然不同，画面细节更多，更有故事性。画面上面南而坐的匈奴左贤王更显霸气，也清楚地表明了此时的真实历史状况。北方金人的力量远超南方的汉人，画家也只能通过这样的细节表现南宋江山的岌岌可危。

靖康之变后，北方沦陷，南宋偏安。一面是在金人铁蹄下的北方汉人苦苦南望王师，一面是偏居一隅的南宋臣民渴望迎归被掳的“二圣”，所以才有这样南北呼应的两幅《文姬归汉图》产生。

元

渎山大玉海

大碗喝酒，就要用大『酒缸』

大块吃肉、大碗喝酒，这是何等的快意人生，能有这番尽兴豪爽全因为一个“大”。不过你有没有想过，到底多大的酒碗才能算大呢？提示一下，这个大酒碗更像一只缸，并且被称为“海”，所以你尽可以发挥想象，越充分越好。

当然，这个酒缸不只大，它还极为珍贵，因为它是“玉海”。

渎山大玉海
元
北京北海公园团城

这是元代留下来的一个巨型玉酒缸。

它源于蒙古可汗在宫殿中设置大酒瓮和马头琴的传统。据考证，这个玉海是元世祖忽必烈用来犒赏三军、大宴群臣的，重达350公斤。如此巨型的体量除了体现蒙古人豪放的气势，更是这位皇帝在夸耀自己的战功之显赫，自己统治的版图之辽阔。

“座上客常满，樽中酒不空。”烛火通明，君臣尽醉，这是何等的盛况！

这件玉海由一整块墨色的玉石雕刻而成，形状近乎椭圆，加上玉质本身的天然斑驳，黑中夹杂着白，更像是汹涌的海中泛起波涛。所以工匠们因势就形，把玉石的内部掏空制成瓮形，更是索性将外壁雕刻纹饰设计成大海，巨浪滔天、漩涡翻滚、气势撼人。

光有水还不够，工匠们又深深浅浅刻上了龙、鹿、马、犀牛、海兽、海螺等十多种动物。这些瑞兽在海水中翻腾出没，一片大海便一下子热闹灵动起来。

玉海，这下子更是名副其实了。

“葡萄美酒郁金香，玉碗盛来琥珀光。”当这玉海盛满了酒时，散发的酒香甚至醉倒了曾经来华的外国人。

早在十四世纪便有来华的意大利教士鄂多立克在他的《东游录》中描绘过玉海，并且表示这个巨型的玉瓮价值“超过四座大城”，而且酒瓮里的酒永远是满的，旁边放着金杯，供人随意饮用。

他的这个描述中必定不乏夸张的成分，不过当这样的记述被西方人传看之后，他们便一直神往着这件巨宝，当然也神往着能在玉瓮边醉倒，不愿醒来。

可惜的是，这件镇国大器命运多舛，经过了元代短暂的辉煌之后，它竟然遗失了，也不知经了怎样的流离，等它再现江湖的时候，时光已经到了清代的康熙年间。比起往日的荣耀，此时的它不仅身份尽失，而且沦为了真武庙的道士们腌咸菜的坛子。

康熙五十年，重修真武庙，大玉海被移到庙里的观音像前，被放在叠石制成的假山之上，钵中注满了水，僧侣们将其比附为观音的南海普陀。它便伴随着青灯黄卷、暮鼓晨钟，这样过了一百余年。

不过大玉海的运气还不错，在沉寂多年后，赢来了命运转机。

清代的老照片中，这个玉海已经被保存在了玉瓮亭里。

乾隆年间，皇帝赐以千金把玉海赎回来安置在北海的团城之上，并且专门建了座玉瓮亭，为它撑出一片不凡的气度，还亲自作诗三首，刻在它的内壁，令它的荣光更胜往日。

想来这个玉海也真是尝遍了世事沧桑。

不过被捧上“神坛”的大玉海也有它的无奈。从此以后，它再没有尝到过酒的滋味。是啊，再没有人舍得用它来装酒了，它成了被供奉供人瞻仰的“神器”，曾经大碗喝酒的日子，只在它的记忆里偶尔闪现了。

元

螺钿广寒宫图漆器残片

螺钿妆成翡翠光

这件螺钿漆器以如此残破的样子进入美术史，并且成为漆器工艺作品的代表作，一定有不同寻常之处。

这件漆器残损严重，仅凭这块碎片，我们也许很难想象出整件作品原本的模样。但它又出人意料地完美，完美到让人可以忽略它残缺如斯的事实。

这是一块元代螺钿镶嵌的漆器残片，所镶嵌的图案是树木楼阁，学者考证出这应该是中国传统神话中的广寒宫和桂花树。大概也只有广寒宫，才会这般清辉拂照、月华如水吧。

整件残片的漆面底色黑亮沉厚，上面的图案全部使用厚度不足 0.5 毫米的螺贝薄片拼成。螺钿是一种镶嵌工艺，使用的是螺贝片的珍珠层，因此整个图案闪现着珍珠质特有的眩光，从不同角度看去，还会有不同的幻彩。

广寒宫的拼嵌工艺极为精细。屋顶瓦片布列齐整，使用的螺贝片不到 2 毫米宽，屋瓦两侧的弧度都被一丝不苟地还原出来；雕栏和窗格就更不用说，上面密布着螺贝片拼成的六边形花纹，每一根线条都细如发丝，却没有一根错乱。

螺钿广寒宫图漆器残片
元
首都博物馆

为了表现桂树的蓊郁苍翠，螺钿被切割成了比芝麻还细小的菱形，密密地拼为成簇的树叶，点缀在漆黑的夜空背景下，仿若璀璨的星辰。

漆器上还弥漫着云气，由月牙状的细小薄片围出来团团升腾弥漫的动感，光照在珍珠层上，反射出红、绿、蓝、紫、白等色彩，这真是名副其实的五色祥云，如果不仔细看，它们倒更像是朵朵繁花，在月宫中绽放。

一条蜿蜒曲折的"河"从漆器的右上方向左下方流泻下来，闪着粼粼的光，这大概就是天河吧?

看着这件漆器，我不禁怀疑，月亮里的广寒宫或许远不如这般五色绚烂、华美动人。

当然，这全是螺钿的功劳。

螺钿镶嵌工艺是一种古老的工艺技法，可以在硬木、漆器等器物上镶嵌作为装饰。这种工艺早在先秦就已经出现，但早期的螺钿是厚螺钿，如此薄而碎的螺钿工艺出现的时间比较晚。此前学者大多认为这种工艺出现于明代，但正是这件残片的出土为元代便已成熟掌握了薄螺钿工艺提供了确凿的物证。

螺钿的厚薄其实是受到原料限制的。唐代以前使用的是近海或者河湖中的贝壳，经打磨后直接镶嵌，但没有五色“霞光”，几乎只有白色的珍珠光，所以色泽显得比较单一；宋元以后，随着交通发达，采用了东南亚一带的“蝶螈海螺”，螺钿才显现了满堂华彩。

海螺采集后会被层层剥揭，并且还要经过多次加工使螺片变软，这样处理后的螺钿更易于造型，并且更容易附着在漆器表面不致脱落和破碎。

螺钿花鸟平脱镜
唐
陕西省考古所

由于螺壳色彩不同，更讲究的制作工艺还会根据色彩分类，充分发挥螺片的自然色泽，泛红的做花，泛绿的则做叶……

大概是因为原料珍贵难得，工匠们对螺钿有一种近乎执拗的专注，即便是一丝一毫甚至是精微到几乎不可见的细部，都一定要让它放射出五彩霞光，所以螺钿镶嵌是一种极费目力的工作，它让这些工匠大多到中年便几近失明！

我国使用漆器的历史很早。距今六七千年前的河姆渡文化遗址，出土过厚胎的朱漆木碗；商周时期已经有设计巧妙的成套漆器供贵族使用，洛阳西周墓出土的漆器上镶嵌有蚌泡，可以说是后来螺钿镶嵌漆器的前身；到了先秦时期，漆器已成为极为重要的器物，庄子当年便做过漆园吏。

值得一提的是，战国时代的楚国是漆器制作极为发达的地区，从使用木胎发展到薄木卷胎或木胎夹麻布，器物也更加轻盈美观。不仅有制作精美的日常用品，更有式样各异、用于礼乐典仪的器物和怪异狰狞的镇墓兽。传承自楚文化的汉代，漆器的制作工艺突飞猛进，可以使用苎麻作为漆器胎心，使得制作出的器物也更加轻便、耐用、优美；使用范围也从式样各异、用于礼乐典仪的器物和怪异狰狞的镇墓兽发展到杯盏等日常用品。其中，流动的云气纹是最常见的纹饰，也为汉代漆器平添了一股浪漫和飘逸，马王堆的彩绘漆棺是汉代漆器的代表作。

彩漆木雕梅花鹿
战国
湖北省博物馆

“轪（dài）侯家”
云龙纹漆盘
西汉
湖南省博物馆

剔红鹤鹿同春图盒
明
北京故宫博物院

到了南北朝时期，螺钿工艺被大量使用，并在唐代盛行一时。一直到清代都不减流行之势。有了螺钿的装饰，漆器也一下子变得珠光宝气起来。

宋元以后，漆器的使用更加普及，制作技艺上也有了进一步发展，常见的有：剔红、剔黑、剔彩、戗金、雕填、彩绘、描金、螺钿、百宝嵌等等，漆器艺术获得更加丰富夺目的表现力。

所谓“剔”，就是雕刻，先是在胎骨上层层刷漆，少者几十层，多者上百层。待漆层积到一定的厚度，再趁着半干的时候剔刻，便可以创造出细腻丰富的花纹。根据漆色的不同，雕漆有剔红、剔黑、剔黄、剔彩，如果是红黑两色相间，则称为剔犀。

戗金则是在红或者黑漆面上用针刻出纹样图案，再在图案里填上金粉，或贴上金银箔拍打，让箔深入凹槽，形成图案。

明代产生的百宝嵌则是在螺钿镶嵌的基础上，加入不同色泽的宝石，包括各色宝石、珍珠、珊瑚、碧玉、翡翠、水晶、玛瑙、玳瑁、砗磲、青金、绿松、螺钿、象牙、蜜蜡、沉香等，这些昂贵奢侈的材料镶嵌成图，自然是五色陆离、宝光四溅。

明代是漆器制作的顶峰，各种技艺几乎均已完备，明成祖还在北京设立了果园厂，这是专门生产御用漆器的官办机构。

当然，一切的辉煌华美，都少不了历代匠人呕心沥血的默默支撑，好在历史上多多少少留下了几个响亮的名字。

元代有一位剔漆名手张成，但凡有“张成造”款识的器物，便是当时的顶级奢侈品。

明末清初的江千里则是螺钿镶嵌大家，他的作品自成一格，被称为“千里式”。

明代的漆工黄大成更厉害，他著有理论著作《髹饰录》，“髹”，即用漆漆物之意。全书共十八章，分为一百八十六条，内容全面涵盖了制漆工具、制漆材料、制作要点、装饰方法等，既是我国髹漆工艺的巨著，也是我国历史上仅存的一部制漆专著。

明

针灸铜人

练成『点穴术』的秘密武器

针灸铜人
明
中国国家博物馆

中医的魅力很大程度来源于它的神秘，而整个中医诊疗体系中，我觉得最神秘的，是穴道经脉。

这种印象主要来自武侠小说。书中的那些武林高手只需要不动声色地“点穴”便能克敌制胜，这种四两拨千斤的功夫实在是令人羡慕之至。这还只是末技，若想练成绝世神功，打通奇经八脉还是入门级，顶级高手甚至可以催动内力在经脉之间任意运行。这究竟是个什么境界我实在不能体会，看电视上，只看演员的脸上红一阵绿一阵的，大约也就快要大功告成了。

对了，还有个练武之人闻之色变的状况，那就是走火入魔。在催气运功的过程当中如果不小心出了差错，气血走错了位置，一口血喷出来，轻则功力尽废，重则性命难保。

所以，经脉、穴道这些听起来上通天命、下达人世的关窍，就更让我们这些中医的门外汉觉得玄奥莫测了。

其实，对于真正的中医来说，准确找到穴位，摸准经脉，大概只能算是入门级的微末功夫。

根据研究，现代医学认为人体共有穴位三百六十一个，其中要害穴位有一百零八个，有活穴和死穴之分，不致死的穴为七十二个，致命穴为三十六个。

光是看这些数字都显得格外有来头，又是一百零八，又是三十六天罡、七十二地煞，说来，人体还真是一个小宇宙！我们中医的立论根据，也正是“天人合一”。

中医治病最常见的手段，一是靠药，一是靠针，针就是针灸，主要就得靠“点穴”。

早在《黄帝内经》里就已经记载了一百六十个穴位名称。到了晋代，我国现存针灸专科的开山名作《针灸甲乙经》中，则对人体三百四十九个穴位的名称、位置和主治进行了清楚的记录。

不过，这些都还是“纸上谈兵”，扎针到底还是个需要上手实干的活儿。除了找准穴位，下手的轻重、扎针的深浅都不能有毫厘之差。所以到了宋仁宗天圣年间，一个名叫王惟一的医家编定了一部《铜人腧穴针灸图经》，还对照穴位图制作了重要的教学道具——针灸铜人。

王惟一制作的铜人有两座，当时分别存在医官院和大相国寺。

铜人模仿人体制作，在体内有木雕的骨骼和五脏六腑，铜人周身完全按照人体的形态分布着三百五十四个穴位，每个穴位都被凿出细孔。

在考试之前，考官会将水银注入铜人体内，再在铜人的身体表面覆上一层厚厚的黄蜡，这是为了遮住原本标注在上面的经脉穴位名称。

考生扎针考试时，如果扎的穴位准确，水银就会从铜人体内流出来；如果穴位没扎对，也就不会有水银流出来。只有扎扎实实通过几番测试，能够一针见“血”的考生，才能获得行医资格。

这确实是件普济苍生的好宝贝！

后来，这件铜人名声远扬，也遭到金人觊觎。据说宋金议和的时候，金人便将献出铜人作为接受议和的条件。

后来金人破宋，相国寺的铜人毁于战火，只剩下另一件跟着皇室残部一起南渡。

到了南宋，蒙古又以铜人相要挟，南宋朝廷不得已，只得将它作为贡品进献。

在元代，铜人受到礼遇，被供入大都三皇庙内供人观赏。大概是因为使用日久，不堪再用，忽必烈又命尼波罗国人阿尼哥奉命按样仿铸了一个新铜人。尼波罗国也就是现在的尼泊尔。

毕竟这是个“教学仪器”，使用得越多才越能凸显它的价值。所以到了明代，阿尼哥制作的新铜人也因为使用太久，穴位模糊不清。于是明英宗又命人仿制了一座铜人，中国国家博物馆的这一座便是明代仿制的。

后来，清代有工匠不断仿制铜人，毕竟对于中医而言，它太重要又太实用了。

清末，八国联军来犯，俄国人还抢走了一座铜人，现藏于圣彼得堡的俄米塔什博物馆。

随着铸造技术的提高，现在铸造这样一件铜人不算太难，所以我们在一些中医馆和中药铺的大堂里也时常能看到这么一尊铜人，只不过它们不再被注入水银，用来考验医师的扎针水平了。

明 孝端皇后凤冠

母仪天下的气度

对于古代中国女性来说，一生当中最华丽、最隆重的装扮，一定是出嫁时那一身“凤冠霞帔”的嫁衣。不过在古代，“凤冠霞帔”并非寻常人家的女子可以享用的，这倒并不关乎这个家庭的富裕程度，而是关乎品级。

凤冠霞帔是朝廷命妇和后妃们的服制，尤其是凤冠的形制在宋代已经基本定型，并且形成了比较规范的仪制。当时规定有龙有凤的礼冠，只有皇后和皇太后才能使用。

明代承袭宋制，规定像这样高规格的凤冠，只有后妃在接受册封、拜谒宗庙等极重要的时刻才能戴用，所以它也就成了古代女性级别最高的首饰。

皇后头戴凤冠的真实场景我们谁也没见过。好在北京十三陵的定陵，也就是明代万历皇帝陵中，留下了几具完整的凤冠。这些凤冠堆珠叠翠、镶金缀玉，瞬间让人具体而真切地想象出当年皇后母仪天下的气度。

根据清代《明会要》记载，当时规定皇后的凤冠形制为“九龙四凤冠”，不过这里的一件凤冠却是“九龙九凤冠”，大概是越制了。

孝端皇后凤冠
明
中国国家博物馆

龙凤之间缭绕的祥云是点翠的工艺，其中还穿插着以珍珠为花瓣、以宝石为花心绕成的珠花。

如果你绕到凤冠侧面，还可以看到六条“博鬓”，也就是垂在冠背后用珍珠宝石装饰的“小尾巴”。它们呈扇形左右散开，倒很像凤凰的辉煌的尾羽，很能烘托出后宫之主的气势。

在古代，尤其是在宫廷里，无论是服装还是首饰，首要目的并不是为了好看，而是为了明辨尊卑。因此，不同等级的妃子所使用的珠宝在材质、数量甚至制作工艺等方面都不一样，即使再爱美，后宫嫔妃也不敢随意使用不该自己享用的首饰，要不然就犯了大罪。

在宫廷里，一切都以等级为基础，只有等级越高，拥有的服饰才越璀璨华美，而在充满寂寥的深宫人生里，也才越有可能多那么一丝丝的生命华彩吧。

京剧大师梅兰芳先生就曾经说过："为什么成角儿？就为这定制的髯口，就为这点翠的头面儿！"

情形似乎是很相似了。

梅先生提到了点翠，这确实算是千金难求的奇珍。"翠"即翠鸟，点翠也就是先用金银等金属做成不同图案的底座，再把翠鸟身上亮蓝色的羽毛粘贴镶嵌在底座上。因为翠鸟的蓝色羽毛格外鲜亮艳丽，在光照下甚至会产生流光溢彩的效果，是一种独一无二的天然材质，没有任何颜料甚至宝石的色彩和光泽能够比拟。

不过，翠鸟数量本就稀少，再加上翠鸟形体比麻雀

点翠

这是故宫收藏的一顶孝端皇后凤冠，冠上是三龙二凤。

还小，只有背部、颈部和羽翼上的毛是翠蓝色，所以能够被用来点翠的就更少。

这件凤冠通体幽蓝，这是满翠的工艺，自然也就是奢华昂贵和珍稀难得的代名词。我们甚至不用走近，只远远瞥见这夺目的蓝，便已经能够感受到它主人身份的非同寻常了。

当然，只有在等级越高的饰物上，才越有可能看到这一抹梦幻般的醉人幽蓝。

在贵州省博物馆还收藏着一件出自土司墓的金凤冠。这只凤冠大概属于土司夫人，礼冠上龙飞凤舞、宝气四射，但在这幽蓝闪动的皇后凤冠面前，金玉之质仍然显得太过简朴了。

清

泥人张

下里巴人的泥玩具凭什么成为贡品？

我们这套书里讲的都是各地博物馆里的镇馆之宝，它们要么材质华贵，要么年代久远、文物价值很高。这件出自清代末年民间艺人之手的小小泥人竟然可以拥有一席之地，和那些贵重宝贝“平起平坐”，它到底珍贵在哪里呢？

说起泥塑，这可算得上是中国最古老的艺术形式之一，它的历史可以一直追溯至新石器时代。在我们现在见到的已出土的新石器彩陶塑像里，有些物件的造型已经相当逼真有趣了。

到了秦汉时代，兵马俑可以算是规模最大、制作最精美的彩陶艺术的代表作。再往后，佛教传到中国，佛教艺术得以蓬勃发展，许多洞窟寺庙的佛、菩萨、天王、罗汉等，也都成为彩塑珍品，比如敦煌彩塑。

由于材料易得，工艺相对简单，彩塑在民间也发展得生机勃勃。不同时代、不同地区都有自己代表性的泥塑“玩意儿”，比如无锡惠山的大阿福、陕西凤翔的泥狮子、北京的兔儿爷等等。当然，在民间彩塑当中，名气最响的要数天津的“泥人张”。

这是因为泥人张真正登堂入室作为贡品进过皇宫，

张明山《蒋门神》
清末
天津泥人张美术馆

成为皇室收藏。

泥人张的创始人是清代道光年间的张明山，由于家境贫寒，张明山自小跟着父亲制作泥塑玩具糊口，十三岁开始独立进行彩塑创作。

张明山是个有想法的手艺人。他除了精研泥塑，还不断提升自己的其他艺术修养，尤其在绘画方面造诣颇深，这也才使得他在民间泥塑“下里巴人”的粗糙感之外，多了一些精致和雅趣。

这种“有文化”的泥塑很快就赢得了市场的肯定，泥人张的名气也就开始传扬开了。

除了独具一格的雅致，张明山捏人像还有一项常人难以企及的绝技。据说张明山可以一边与“模特”面对面交谈，一边在袖子里捏出人像，并且片刻即成，精准传神。他在看戏的时候，甚至可以对着台上的角色捏出一台戏来。

这件《蒋门神》据传就是他根据一个常常欺压百姓的恶霸在袖子里创作出的形象。这件泥人满脸横肉、嘴唇紧闭，一看就是个恶人；他的肚子高高凸起，尤其是双手背在身后，更突出了他横行霸道的嚣张气焰。

虽然作品只有几寸高，也没有施以彩绘，但《水浒传》中的这个恶霸形象却被他表现得神气活现。

张明山还很擅长创作人物众多的戏文泥塑，以《红楼梦》里《惜春作画》为题的作品就是他的代表作。

由于名气越来越大，甚至有王公大臣也邀请他创作泥人，不过并不是为了自己欣赏，而是为了送礼，收礼之人竟然是慈禧太后。

慈禧太后七十岁时，当时的内务府大臣庆宽就请张明山创作了八匣泥人，包括《木兰从军》《白蛇传》《读西厢》《风尘三侠》《张敞画眉》《春秋配》等，这都是当时流行的戏文，它们被当作贺寿的礼物进献给了慈禧，现在这些寿礼仍然收藏在颐和园文昌院的聚珍厅里。

后来，张明山的儿子张玉亭子承父业，成为第二代泥人张。和父亲不同，他的作品中表现得更多的是平民生活，著名的有《吹糖人》《搬卸工》《木工》《采桑》《占卜者》《渔妇》《渔翁》《老僧》《二学士》等。

泥人张经过两代的发展已经达到了高峰。在 1915 年的巴拿马万国博览会上，泥人张的作品荣获名誉奖，

张明山《惜春作画》
清
北京故宫博物院

它也因此被许多国家认为是中国特产。

单单只说这些历史，好像和我们全无关系，但如果我告诉你，在日常生活中，我们也会在街头巷尾常和泥人张碰面，你大概会很吃惊。

还记得那个在宣传画上总是出现的“梦娃”吗？就

是那个圆圆胖胖的小姑娘，脸上总是挂着两团健康的红晕，身上穿着一身喜气洋洋的花棉袄。

这位“中国梦”的形象代言人，正是泥人张的作品！